四部要籍選刊・經部　蔣鵬翔　主編

阮刻春秋穀梁傳注疏

三

〔清〕阮元　校刻

浙江大學出版社

卷第十八

卷第十九

卷第二十

監本春秋穀梁注疏成公卷第十四 起九年盡十八年

范甯集解　楊士勛疏

九年春王正月杞伯來逆叔姬之喪以歸傳曰夫無逆出妻之喪而爲之也（疏）傳傳曰至爲之也○釋曰公羊以爲魯脅杞使逆其喪左氏以爲魯人請之故杞伯來逆此傳不説歸之所由要叔姬免犯七出之愆反歸父母之國恩以絶矣杞伯今復逆出妻之喪而違禮傷教言其不合爲而爲之是以書而記之以見非傳曰夫無逆出妻之喪爲之言其不合爲而爲之也徐邈云爲猶葬也言夫無逆出妻之喪而葬理亦通矣但范不訓爲爲葬也○公會晉侯齊侯宋公衛侯鄭伯曹伯莒子杞伯同盟于蒲蒲衛地公至自會○二月伯姬歸于宋逆者非卿故不書○夏季孫行父如宋致女致勑戒之言於女（疏）

傳夏季至致女○釋曰：公羊以春秋未有言致女者，此其言致女何？賢伯姬也。左氏無說，蓋以使卿則書，餘不書者，或不致，或不使卿也。此傳云詳其事賢伯姬也，則與公羊意同耳。徐邈云：宋公不親迎，故伯姬未順爲夫婦，故父母使卿致伯姬，使成夫婦之禮。以其責小禮違大節，故傳曰不與內稱，謂不稱夫人而稱女。案傳稱賢伯姬，而徐云責伯姬，是背傳而解之，故范以爲謂致勑戒之言於女也。

致者，不致者也。婦人在家制於父，既嫁制於夫。如宋致女，是以我盡之也。刺已嫁而猶以父制盡之。不正，故不與內稱也。內稱謂稱使○內稱，尺證反。

〔疏〕注內稱謂稱使○釋曰：案經內大夫出國，例言如，不言使，此季孫行父如宋，即是內稱，而云不與者，凡內卿出外使，直言如某者，即是使，又即是內稱。今行父稱君之命，以在家之道制出嫁之女，雖言如，以爲內稱，言致女，是見其不與也。傳三年公子友如齊莅盟，彼亦言如，又云莅盟者，若直言如，則嫌是聘，故更須言盟也。莅盟既更須言盟也，莅盟則致女亦須言之，云不與內稱者，莅盟是禮，致女非禮，故不合言也。若然，傳曰逆者微，故致女詳其事，賢伯姬也。據傳文似致女得正而云不正故不與內稱者禮諸侯親迎則不須致女今以宋逆者微故致女是傳解其致女之意也云不正故不與內稱也其以在家之道制出嫁之女也此傳之意因解宋公不親逆并見致女之不正又云賢伯姬者以上下文詳皆云賢伯姬則此云致女亦兼賢伯姬也若其不爲賢伯姬則致女雖正亦不書也逆者微故致女詳其事賢伯姬也○晉人來媵媵淺事也不志此其志何也以伯姬之不得其所故盡其事也○秋七月丙子齊侯無野卒○晉人執鄭伯○晉欒書帥師伐鄭不言戰以鄭伯也欒書以鄭伯伐鄭君臣無戰道爲尊者諱恥不使臣敵君王師敗績于貿戎是也○爲尊于僞反下及此傳注同爲賢者諱過爲齊桓諱滅項是也○滅項乎講反爲親者諱疾雍曰欒書以鄭伯伐鄭不言戰是也鄭兄弟之國故謂之親君臣交兵病莫大焉故爲之諱

（疏）爲親者諱疾○

釋曰春秋諱有四事一曰爲尊者諱恥二曰爲魯諱敗三曰爲賢者諱過四曰爲同姓諱疾此不言魯者因親者諱疾則又亦包魯可知故不言也聖人有作親疏一也今乃以同姓爲別者春秋之意因親疏故仲尼書經內外有別旣內外別則親疏尊卑見矣

○冬十有一月葬齊頃公。○頃音傾 ○楚公子嬰齊帥師伐莒庚申莒潰其日莒雖夷狄猶中國也 莒雖有夷狄之行猶是中國○潰戶內反行下孟反 大夫潰莒而之楚是以知其上爲事也 臣以叛君爲事明君臣無道 疏 大夫至事也○釋曰范別例云凡潰者有四發傳有三僖四年蔡潰傳曰潰之爲言上下不相得也此莒潰傳曰大夫潰莒而之楚二者雖同是不相得與君臣不和自潰散少異故亦發傳昭二十九年鄆潰彼鄆是邑與國殊故重發傳一解鄆不伐而自潰與常例異故重發之文三年沈潰不發者從例可知他潰例月甚之故 惡之故謹而日之也 日○惡烏路反 疏 注潰例至故日○釋曰傳上云猶中國也故日下文言惡之故謹而日之也若使莒非中國雖惡不得日也以潰例月爲惡故日是以云譏而日之范知例月者僖四年春王正月公會齊侯云云侵蔡蔡潰文三年春王正月叔孫得臣會晉人云云伐沈沈潰是例月今此莒帥衆民叛君從楚故變文書日以見惡

○**楚人入鄆**（疏）楚人入鄆○釋曰魯雖有鄆此鄆非魯也蓋從左氏爲莒邑大都以名通故不繫莒或以爲昭元年取鄆范云魯邑此不繫莒則魯邑可知理亦通也

○**秦人白狄伐晉**

○**鄭人圍許**

○**城中城城中城者非外民也**譏公不務德政恃城以自固不德能衛其人民

（疏）城中至民也○釋曰莊二十九年冬城諸及防傳曰可城也今云非外民也者凡城之志皆譏就譏之中閒隙之月少耳故云可城乃非全善之文此亦冬城嫌同而無譏故發傳明之舊解以爲有難而脩城則不譏之若文十二年季孫行父城諸及鄆是也此涉左氏之說案穀梁傳凡城之志皆譏安得有備難之事若備難無譏則經本不應書之經既書之明譏例同或以爲城諸及防是十一月故傳發可城之文今此城是十二月故發外民之傳雖同是譏事有優劣故發傳以異之

十年春衛侯之弟黒背帥師侵鄭（疏）衛侯至侵鄭○釋曰范荅薄氏駁云諸侯之尊弟兄不得以屬通有賢行則書弟今黒背書弟者明亦有賢行故也陳侯之弟黄衛侯之弟專秦伯之弟鍼傳無賢行所以皆云弟者隱七年齊侯使其弟年來聘傳曰其弟云者以其來接於我舉其貴者也是接我者例稱弟襄二十年陳侯之弟光出奔楚昭元年秦伯之弟鍼出奔晉傳皆曰親而奔之惡也襄二十七年衛侯之弟專出奔晉傳云其曰弟何也專有是信者三者無罪故稱弟以惡兄襄三十年天王殺其弟佞夫傳曰甚之也稱弟以惡王也昭八年陳侯之弟招殺陳世子偃師傳曰其弟云者親之也親而殺之惡也是惡而稱弟也宣十七年公弟叔肹卒傳曰其曰公弟叔肹賢之也莊三十二年公子牙卒無賢行而不稱弟明稱弟皆賢也自然黄專之非直罪兄必兼有賢行叔肹以賢稱弟傳有賢行明文則黒背稱弟自然亦有賢行故范准例言之稱弟之例有四意齊侯之弟年來聘鄭伯使其弟禦來盟爲接我稱弟衛侯之弟專爲罪兄稱弟陳侯之弟招惡之稱弟叔肹及衛侯之弟黒背爲賢稱弟是有四也○

夏四月五卜郊不從乃不郊夏四月不時

也郊時極於二月五卜強也乃者亡乎人之辭也○强其丈反

（疏）○亡乎人之辭也○釋曰重發傳者嫌五卜與四卜異故也○五月公會晉侯齊侯宋公衞侯曹伯伐鄭○齊人來媵媵伯姬也異姓來媵（疏）注媵伯姬至非禮○釋曰何休以爲異姓亦得媵非禮故鄭箴膏肓難之云天子云備百姓博異氣諸侯直云備酒漿何得有異姓在其中是亦以異姓不合媵也此媵不發傳者上詳其事見同姓之得禮異姓非禮可知故省文○丙午晉侯獳卒○獳乃侯反（疏）晉侯獳卒○釋曰何休云不書葬爲殺大夫趙同等范雖不解或當魯不會也○秋七月公如晉○冬十月

十有一年春王三月公至自晉○晉侯使郤犫來聘己丑及郤犫盟○郤犫尺由反公羊作郤州（疏）已丑及郤犫盟○釋曰書日者公親在又非前定之盟故也又不云公者取舉國與之也○夏季孫行父如

晉○秋叔孫僑如如齊○冬十月

十有二年春周公出奔晉周有入無出鄭嗣曰王者無外故無出也宗廟宮室有定所或即位失其常處反常書入內宗廟也昭二十六年天王入于成周是○處昌慮反其曰出上下一見之也鄭嗣曰上謂僖二十四年天王出居于鄭下謂今周公出奔上下皆一見之○見賢徧反言其上下之道無以存也上雖失之下孰敢有之今上下皆失之矣上雖有不君之失臣下莫敢效不臣之過今復云周公之出則上下皆有失矣君而不君臣而不臣是無以存于世言周之所以衰○復云扶又反

疏周有至失之矣○釋曰有人無出注意直據天子今不云王而云周者以經雖無王臣入文至於王臣出亦是譏限故言周以揔之范以王者出入之文俱有故注直言王以當之叅僖二十四年傳云雖失天下莫敢有也謂王雖出鄭不敢有之以爲國也此云上雖失之下孰敢有之謂上雖有不君之失臣下誰敢於效爲之觀經立說故二處不同也今上下皆

失之矣謂王既書出居于鄭今復云周公出奔晉是上下皆有失也公羊以爲書出者周公自其私土謂國也左氏以爲書出者已復之周公自出並與穀梁異也 ○夏，公會晉侯、衛侯于瑣澤。瑣澤，某地。○瑣，素果反 ○秋，晉人敗狄于交剛。交剛，某地。中國與夷狄不言戰，皆曰敗之。不使夷狄敵中國 夷狄不日。

疏 夷狄不日。○釋曰：不於箕役發傳者，以再敗狄師，甚之，故發於此。

○冬十月。

十有三年春，晉侯使郤錡來乞師。○錡，魚綺反 乞，重辭也。古之人重師，故以乞言之也。

疏 乞師，乞重辭也。○釋曰：重發傳者，公子遂內之始，此外之初，故發之也。古之人重師，故以乞言之也者，古人以師之爲重，故以重辭言之。古者，舊以爲穀梁子後代人，遠者舉當時之事，亦以古言之。徐邈以爲引古以刺今耳。

○三月，公如京師。公如京師，不月，月非如也。時實會晉伐秦，過京師也公行出竟有危則月朝聘京師理無危懼故不月○過京師音戈下同竟音境朝聘直遥反下皆同非如而曰如不叛京師也因其過朝故正其文若使本自往〔疏〕公如至師也○釋曰僖二十八年五月癸丑公會晉侯云云盟于踐土陳侯如會公朝於王所彼日月並書公朝于王所雖文承五月癸丑之下彼之日月自爲盟不爲朝也壬申公朝于王所書日此意取日不繫月猶諸侯不宗於天王朝會無危則例時今公以伐秦過京師非直朝故書月以見意○夏五月公自京師遂會晉侯。宋公衞侯鄭伯曹伯邾人滕人伐秦言受命不敢叛周也使若既朝王而王命已使伐秦叛周謂專征伐〔疏〕言受至周也○釋曰公子遂如京師遂如晉傳云不叛天子此文重發傳者嫌君臣異例也○曹伯廬卒于師○廬力吳反又力魚反傳曰閔之也公大夫在師曰師在會曰會〔疏〕曰閔至曰會○釋曰諸侯或從會或從伐皆閔其在外而死故云卒于師于會也卒于師則此曹伯盧襄十八年曹伯負芻是也卒于會者則定四年杞伯成卒于會是也僖四年許男新臣亦卒於師不言於師者彼以內桓師雖卒於外以若在國然故不書于師然則大夫之卒例所不書而與公同例云在師曰師在會曰會者舊解以爲春秋緣大夫之心則知書君之卒於師則言師於會則言會非謂外大夫書卒于師若然傳當云大夫也公不得云大夫曰經無其事傳因類發例者其數不少即日食云外壤饑云饉康之等是也彼經無其事傳得因類引之此雖無經何以爲不得又會大夫單伯之徒亦書會諸侯若使卒於師因當書之但無卒于師卒于會者耳故知公大夫在師曰師謂公及大夫二者皆然也徐邈之注亦以爲公及大夫所會諸侯在師言師在會言會明爲舊解非也○秋七月

公至自伐秦○冬葬曹宣公葬時正也〈疏〉

葬時正也○釋曰嫌卒于師失正葬故重發之葬正則是無危不日卒者蓋非嫡子爲君故也又僖四年注云新臣卒于楚故不日耳則此不日者或當爲卒于秦故也若然襄二十六年壬午許男甯卒于楚注云許男卒于楚則在外已顯矣日卒明其正二注不同者以無正文二理俱通故爲兩解或亦新臣非嫡子不須兩解理足可通耳

十有四年春王正月莒子朱卒徐邈曰傳稱莒雖夷狄猶中國也言莒本中國末世衰弱遂行夷禮葬皆稱謚而莒君無謚謚以公配而吳楚稱王所以終春秋亦不得書葬〔疏〕莒子朱卒○釋曰莒子朱者莒渠丘公今不書葬者莒行夷禮則是失德又葬須稱謚莒夷無謚故不書葬也不日卒者何休云入春秋以來至此始書卒故畧之不日或當旣行夷禮不得同中國故不日或當非正卒無文可明之○夏衛孫林父自晉歸于衛○秋叔孫僑如如齊逆女泰曰親迎例時大夫逆皆謹月以譏之下云九月僑如以夫人婦姜氏至自齊一事不二譏故此可以不月也宣元年公子遂如齊逆女亦以時逆而月〔疏〕注宣元至此同致義與此同○親迎魚敬反傳同本或作逆　釋曰案宣元年春王正月公即云公子遂如齊逆女彼文承正月之下即與此別而云同者彼雖文承正月之下正月自爲即位發文非是爲遂逆女若逆女旣蒙上月則下夫人至不須云月案此比例知彼亦當時也○鄭公子喜帥師伐許○九月僑如以夫人婦姜氏

至自齊大夫不以夫人以夫人非正也刺不親迎也僑如之摯由上致之也○刺不七賜反摯苦結反 疏 大夫至之也○釋曰公子翬如齊逆女傳曰不言翬之來何見于公也然則夫人見於君宜言以夫人至而曰非正者逆女親者也使大夫非正也非正而以夫人至故刺之彼以先接於公故無至文此使大夫有譏則翬之被責居然顯矣不發於宣公逆女於此發之者宣公以喪娶故畧夫人而不氏一事不二譏故省其文成公非喪娶而不親迎嫌其無罪故傳明之莊公親逆傳亦譏之者以娶讎人之女而事宗廟○故也由上致之者宣元年注云上謂宣公則謂成公也

冬十月庚寅衛侯臧卒○臧子郎反○秦伯卒 疏 秦伯卒○釋曰世本及左氏是秦桓公也

十有五年春王二月葬衛定公○三月乙巳仲嬰齊卒此公孫也其曰仲何也此蓋仲遂之子據實公孫

子由父疏之也雍曰父有弒君之罪故不得言公子父不言公子則子不得稱公孫是是疏之罪由父故（疏）子由父疏之也○釋曰宣十八年公孫歸父如晉歸父亦襄仲之子何以不疏者卒則身之終今嬰齊之卒當繼於父父既被疏故子亦當畧歸父則奉命出使使奔之故具名氏以恩錄也歸父還不氏者以明由上也公羊以爲仲嬰齊何以不稱公孫以歸父既是兄公孫嬰齊爲歸父後爲人後者則爲之子故不稱公孫與穀梁異○

癸丑公會晉侯衛侯鄭伯曹伯宋世子成齊國佐邾人同盟于戚晉侯執曹伯歸于京師以晉侯而斥執曹伯惡晉侯也僖二十八年晉人執衛侯歸之于京師此伯討之文也今以侯執伯明執之不以其罪○惡晉烏路反（疏）斥執曹伯○釋曰重發者此執歸于京師嫌晉之無罪故明之○注僖二十至其罪○釋曰衛侯有罪故稱人言執又歸之京師令天子決之是伯討之文也又且此傳云以晉侯而斥執曹伯惡晉侯也稱人以執是伯明稱人以執是伯討也若然定元年晉人執宋仲幾傳曰此大夫

其曰人何也微之也何爲微之不正其執人於尊者之所也不與大夫之得伯討也彼又稱人非伯討者彼仲幾雖則逆命當歸於王之有司今晉大夫執人於尊者之側故地于京師以見尊稱人以見彼是不與大夫之伯討也伯討宜施諸侯大夫則不得也左氏以爲曹伯殺大子而自立公羊之意曹伯篡國時據二傳之文則是有罪范云不以其罪者范以曹伯言執云惡晉侯曹伯之入云歸爲善據此二文言之明執之不以其罪不得以公羊左氏爲難**不言之急辭也斷在晉侯也**明晉之私○斷丁亂反○**公至自會○夏六月宋公固卒○楚子伐鄭○秋八月庚辰葬宋共公月卒日葬非葬者也**宋共公正立卒當書日葬無甚危則當錄月今反常違例故知不葬者也然則共公之不宜書葬昏亂故○共音恭

疏注宋共至亂故○釋曰葬書時正也注不以時決而以月決之者以葬書時最爲正書月有故書日危不得葬今共公月尚不得明不葬可知故不以時決之然共公失德所以不全去葬文者爲伯姬書葬故不得不存共公之葬但書日以表失德且不全去葬文

嫌是魯之不會無以明其失德也此其言葬何也以其葬共姬不可不葬共公也葬共姬則其不可不葬共公何也夫人之義不踰君也爲賢者崇也賢崇伯姬故書共公葬○爲于僞反○宋華元出奔晉宋華元自晉歸于宋○宋殺其大夫山【疏】宋殺其大夫○釋曰左氏以爲背其族何休○注公羊以爲譖華元貶之穀梁無説不知所從○宋魚石出奔楚○冬十有一月叔孫僑如會晉士燮齊高無咎宋華元衛孫林父鄭公子鰌邾人會吳于鍾離會又會外之也兩書會殊外夷狄○無咎其九反鰌音秋【疏】會又會外之也○釋曰重發傳者擯函表中國之辭鍾離明內外之稱故兩發之○許遷于葉遷者猶得其國家以

往者也其地許復見也○葉始涉反覆扶又反見也賢遍反

十有六年春王正月雨木冰穀梁傳曰雨木冰者木介甲冑兵之象○雨如字或于付反非也介音界冑直又反〔疏〕雨木冰○釋曰劉向云冰者陰之盛木者少陽卿大夫之象此是人將有害則陰氣脅木木先寒得雨而冰也是時叔孫僑如出奔公子偃誅死一曰時晉執季孫行父執公此執辱之異也徐邈云五行以木爲介介甲也木者少陽之精幼君大臣之象冰者兵之象今冰脅木君臣將見執之異根枝折者象禍害速至也或曰木冰此木介介者甲也兵之象也是歲有鄢陵之戰楚子傷目而敗注云兵之象則或說是也雨而木冰也雨著木成冰○著直畧反志異也傳曰根枝折○

夏四月辛未滕子卒〔疏〕滕子卒○釋曰宁氏滕文公○鄭公孫喜帥師侵宋○六月丙寅朔日有食之○晉侯使欒黶來乞師將與鄭楚戰○黶於斬反○甲午晦晉侯

及楚子鄭伯戰于鄢陵鄢陵，鄭地。○鄢音偃，又於建反。楚子鄭師敗績。日事遇晦曰晦，四體偏斷曰敗，此其敗則目也。此言敗者，目傷故。

〔疏〕日事遇晦曰晦。○釋曰：僖十五年己卯晦，震夷伯之廟，傳曰「晦，冥也」，則晦非常文，而云遇晦者，舊解以爲僖十五年傳曰晦冥也者，謂月光盡而夜闇，不謂非晦日也。今以爲震夷伯之廟云晦者，如公羊晝日爲冥，自餘稱晦者，是月盡日也。既云日事遇晦，何以日食不書晦者，日食既言日，雖不書晦，可以知，○省文也。必知不如公羊以晝爲晦冥者，上六月丙寅朔，日有食之，此甲午是二十九日晦，以日月相當，知非晝日爲冥也。○敗則目也。○釋曰：手足偏斷，尚謂之敗，明目在首，重於手足，故亦爲敗也。傳譏在諱傷也。

楚不言師，君重於師也。○楚殺其大夫公子側。○秋，公會晉侯、齊侯、衛侯、宋華元、邾人于沙隨。不見公。沙隨，宋地。不見公者，可以見公也。可以見公而不見公譏在諸侯也公至自會〔疏〕不見公者。○釋曰是晉侯之意諸侯既無解釋之者即是同不與公相見故以諸侯揔之○公會尹子晉侯齊國佐邾人伐鄭尹子王卿士子爵○曹伯歸自京師不言所歸歸之善者也出入不名以爲不失其國也歸爲善謂直言歸而不言其國即曹伯歸自京師不言于曹是自某歸次之若蔡季自陳歸于蔡衛侯鄭自楚復歸于衛〔疏〕出入不名。○釋曰凡諸侯有罪失國出書名者即昭三年北燕伯款出奔齊是也入書名即僖二十八年衛侯鄭曹伯襄是也今曹伯被執以其無罪故出入不名見其不失國也傳詳發于此者以歸文與常例異故分別之○九月晉人執季孫行父舍之于苕丘行父魯執政卿其身執則危及國故謹而月之錄所憂也苕丘晉地○苕音條〔疏〕注行父至晉地。○釋曰昭十三年八月甲戌同盟于平丘公不與盟晉人執季孫意如以歸二十三年春正月叔孫婼如晉癸丑叔鞅卒晉人執我行人叔孫婼彼二文皆承月下即蒙上月文何爲此注獨爲謹而月之者意如之執文承八月之下彼月自爲盟而發不爲執意如也婼之執雖文承正月之下彼月自爲叔鞅而言亦不是爲婼而發故襄十八年晉人執衛行人石買莊十七年齊人執鄭詹皆不月也此九月之下更無他事指言晉人執季孫故知爲危謹而月之也一解行父書月以見危則意如及婼亦是危也

執者不舍據昭二十三年晉人執我行人叔孫婼不言舍○孫婼丑畧反**而舍公所也**今言舍者以公在苕丘故也公在苕丘而言舍者明不得致也若既不致復不言舍則無以見其舍○復扶又反下同以見賢徧反下見公同**執者致**據昭二十四年婼至自晉**而不致公在也**在在苕丘也見舍于苕丘還國則與公俱不得致者重在公**何其執而辭也**問何故書執季孫行父而言舍之復不致之辭邪**猶存公也**時行父雖爲晉所執猶欲存公之所在故不致行父又言舍之皆所以見公在苕丘**存意公亦存也**問存舍之不致之意便可知公所在乎**公存也**但存此二事即知公在苕丘

疏 執者至存也○

釋曰經稱執季孫行父舍之苕丘故傳稱執者不舍是據叔孫婼而發問也而舍公所也者謂言所舍故也公所者即苕丘是也執致者謂昭二十四年婼至自晉是也而不致公在也者謂今季孫歸而不書至者公在故也以其與公同歸重在公故不致也何其執而辭也謂問經意何其書執不以致爲辭也猶存公也謂爲晉所執心欲存公所在故不致行父又言舍之也存意公亦存焉謂又問經意直存舍之不致之意則便可知公所在乎公存也者荅上問意但存此二事即知公在也公存者謂在苕丘也舊解注言二事舍是一事也於苕丘是二事今以爲乘上注意則二事者謂舍於苕丘及不致焉二事

○冬十月乙亥叔孫僑如出奔齊

徐邈曰案襄二十三年臧孫紇出奔齊傳曰其曰正臧紇之出也禮大夫去君埽其宗廟不絕其祀身雖出奔而君遇之不失正故詳而已○之明有恩義也○紇根發反

疏 注徐邈至義也○釋曰僑如爲君遇之不失所書曰臧紇則正其有罪而書曰二者不同范引之者欲明二者不異臧孫云正其有罪亦兼爲君遇之不失所書曰僑如言君有恩而書曰亦兼正其罪可知是互以相包故引之

○十有二月乙丑季孫行父及晉

郤犫盟于扈○公至自會無二事會則致會伐則致伐上無會事當言至自伐鄭而言至自會甯所未詳鄭君曰伐而致會於伐事不成○乙酉刺公子偃大夫曰卒正也先刺後名殺無罪也僖二十八年公子買戍衛不卒戍刺之是有罪者以先列其罪○刺七賜反傳同爾雅云殺也戍式喻反疏刺公子偃○釋曰徐邈云偃爲僑如所譖故云無罪左氏云爲姜氏所立二者未知孰是

十有七年春衛北宮括帥師侵鄭○夏公會尹子單子晉侯齊侯宋公衛侯曹伯邾人伐鄭○單子音善六月乙酉同盟于柯陵柯陵鄭地○柯音歌柯陵之盟謀復伐鄭也○復扶又反○秋公至自會不曰至自伐鄭也公不周乎伐鄭也周信也公逼諸侯爲此盟

鄭意不欲更伐鄭何以知公之不周乎伐鄭以其以會致也何以知其盟復伐鄭也以其後會之人盡盟者也後會謂冬公會單子等是不周乎伐鄭則何爲曰也據無伐鄭意而强盟盟不由忠不當日也○而强其丈反言公之不背柯陵之盟也舍已從人遂伐鄭疏不日至盟也○釋曰定四年諸侯侵楚盟于臯鼬言公至自會者經之常也今傳起違例之問者定四年楚弱而爲諸侯所侵侵訖而盟故以盟爲大事故云至自會鄭自柯陵戰後不助中國二年之間三度興兵以伐爲重盟爲輕故決其不以伐鄭致僖四年傳云大伐楚也不以會致而以伐致是其事也案後會齊侯不出而云後會之人盡盟者也以今時身在後遣大夫從師故亦得云後會之人盡盟○齊高無咎出奔莒○九月辛丑用郊夏之始可以承春以秋之末承春之始蓋不可矣郊春事也僖三十一

年夏四月四卜郊不從傳曰四月不時今言可者方明秋末之不可故以是爲猶可也九月用郊用者不宜用也宮室不設不可以祭衣服不脩不可以祭車馬器械不備不可以祭有司一人不備其職不可以祭祭者薦其時也薦其敬也薦其美也非享味也〔疏〕宮室至味也○釋曰論用郊而陳宮室者禮有五經莫重於祭祭之盛者莫大於郊傳意欲見嚴父然後至其大家國備然後然享故具說宮室祭服車馬官司之等明神非徒享味而已何得九月始用郊乎徐邈云宮室謂郊之齊宮衣服車馬亦謂郊之所用言一事闕則不可祭何得九月用郊理不通也○晉侯使荀罃來乞師將伐鄭○荀罃烏耕反〔疏〕晉侯至乞師○釋曰范別例云乞師例有三三者不釋從例可知也乞例六者乞師五乞盟一并之爲六乞師五者公子遂晉郤錡欒黶荀罃士魴是也乞盟一者鄭伯是也○冬公會單子晉

侯宋公衛侯曹伯齊人邾人伐鄭言公不背柯陵之盟也十有一月公至自伐鄭○壬申公孫嬰齊卒于貍蜃貍蜃魯地也○貍蜃上力之反下時軫反十一月無壬申壬申乃十月也致公而後錄臣子之義也嬰齊實以十月壬申日卒而公以十一月還先致公而後錄其卒故壬申在十一月下也嬰齊從公伐鄭致公然後伐鄭之事畢須公事畢然後書臣卒先君後臣之義也其地未踰竟也○竟音境

（疏）致公至竟也○釋曰公羊之意以爲臣待君命然後卒大夫此云致公而後錄其卒是與公羊異杜預解左氏以爲日誤又與二傳不同也

○十有二月丁巳朔日有食之○邾子貜且卒○貜俱縛反且子餘反

（疏）邾子貜且卒○釋曰世本邾定公也

○晉殺其大夫郤錡郤犫郤至自禍於是起矣厲公

見殺之禍。殺之如字又音試○楚人滅舒庸

十有八年春王正月晉殺其大夫胥童○庚申晉弑其君州蒲稱國以弑其君君惡甚矣

疏君惡甚矣。釋曰於此發傳者以州蒲二年之間殺四大夫故於此發惡例也○齊殺其大夫國佐○公如晉○夏楚子鄭伯伐宋○宋魚石復入于彭城彭城宋邑魚石十五年奔楚經稱復入者明前奔時入彭城以叛也今楚取彭城以封魚石故言復入

疏注彭城至復入。釋曰晉欒盈亦書復入者以欒盈先入曲沃後復入晉故亦云復入也後入曲沃不云復入者兵敗奔曲沃即既前文已云復入于晉故直云入曲沃舊解以爲初入國都後入曲沃言復入若然何不云復入曲沃而云復入于晉○公至自晉○晉侯使士匄來聘句本又作丐音蓋○秋杞伯來朝朝直遥反下同○八月

邾子來朝○築鹿囿 築墻爲鹿地之苑○囿音又 （疏）築鹿囿○釋曰范知非爲鹿築囿而以鹿爲地名者案郎囿既是地名則此鹿亦當是地名徐邈何休皆云地名天子囿方十里伯方七里子男方五里言魯先有囿今復築之故書以示譏則郎及蛇泉亦是譏也案毛詩傳云囿者天子百里諸侯三十里與徐何二說別者詩傳蓋據孟子稱文王囿七十里寡人三十里故約之爲天子諸侯三十里耳未審徐何二家據何爲說也

築不志此其志何也山林藪澤之利所以與民共也虞之非正也○藪素口反 ○己丑公薨于路寢路寢正也男子不絕婦人之手以齊終也○齊如字又側皆反 ○冬楚人鄭人侵宋○晉侯使士魴來乞師○魴音房 ○十有二月仲孫蔑會晉侯宋公衛侯邾子齊崔杼同盟于虛朾 虛朾某地○杼直呂反虛巨魚反朾丑丁

反　〇丁未

（疏）同盟于虛朾。〇釋曰此虛朾之盟不日者何休云公薨喪盟略之故不日事或然也

葬我君成公

監本附音春秋穀梁注疏成公卷十四

武寧盧氏宣旬校定

大清嘉慶二十年
用文選樓藏本校

新建縣知縣鄭祖琛

浮梁縣知縣劉丙　同栞

穀梁注疏卷十四挍勘記　阮元撰盧宣旬摘録

九年

恩以絶矣　閩本同監毛本以作巳案以巳通用

爲親者諱疾　何校本上有傳字

則又亦包魯可知　閩監毛本同單疏本又作文是也

大夫至事也　何挍本上有傳字

與君臣不和自潰散少異　閩監毛本同單疏本少作小

今此莒帥衆民叛君從楚　閩監毛本同單疏本無帥字

不德能衛其人民　閩本同余本監本毛本德作復

城中至民也　何挍本上有傳字

舊解以爲有難而脩城　閩監毛本同單疏本脩作新

季孫行父城諸及鄆　案文公十二年經父字下有帥師二字

是十一月　閩監毛本同單疏本十一作其字

今此城是十二月　閩監毛本同單疏本是作爲

十年

所以皆云弟者　閩監毛本同何校本云作稱

冬十月　閩監毛本同浦鏜云中庸疏云成十年不書冬十月公羊無此三字今有者後人妄增當爲衍文案石經公如晉下漫漶細驗之冬字上半猶隱隱可辨是范氏本穀梁有此三字也

十有二年

臣下誰敢於效爲之故　閩監毛本同單疏本誰作孰於作

周公自其私土謂國也 案公羊傳謂國作而出此誤

十有三年

乞師乞重辭也 何校本作傳乞重至之也

舊以爲穀梁子後代人 閩本同監毛本人作之非

公自京師遂會晉侯宋公衛侯鄭伯曹伯邾人滕人伐秦 閩監毛本同石經公下有至字晉侯下有齊侯二字余本無至字有齊侯二字何煌云考石經三傳左氏有至字公羊無疏云公下自上有至字者衍文也穀梁石經此年係宋人補刻疑至字或亦出肊增也案是年石經實非補刻何蓋偶誤公羊疏以至字爲衍文者指公羊傳而言穀梁自與公羊不同何據彼疏疑此經非是又補刻石經係朱梁謂宋人補刻亦非是

因當書之 閩監毛本同何校本因作固

十有四年

親迎例時 閩監毛本同釋文出時迎魚敬反傳同本或作逆案下注有時逆字陸爲迎字作音當出親迎今出時迎是釋文本此文作親逆下文時逆作時迎與今注疏本互易

公即云公子遂如齊逆女 閩監毛本云作位單疏本公即云三字作公即位下文即云七字蓋十行本誤脫

莊公親逆 閩監毛本同何校本逆作迎

則謂成公也 閩本同監毛本則下有此字何校本此在則上

十有五年

是是疏之罪由父故 閩本同余本監毛本下是作見

嫌晉之無罪 閩監本同毛本嫌誤如

言執又歸之京師　閩監毛本同何校本執下有之字

稱人以執是伯　閩監毛本同單疏本人作侯是伯作爲惡案單疏本是注疏本蓋緣與下文相涉而譌

晉人執宋仲幾　閩監毛本脫人字與定元年經不合

此大夫　何校本大上有其字非也

不與大夫之得伯討也　案得字乃衍文否則與定元年傳不合

稱人以見彼　閩監毛本同何校本彼作微是也

曹伯之入　閩本同監毛本入誤人

以葬書時最爲正　閩監毛本最誤葬

十有六年

木冰此木介 閩本同監本冰此作水比毛本此作比○按作比是也

省文也 閩監毛本同單疏本上有故字

必知不如公羊以盡爲晦冥者 閩監本同毛本盡作晝是也

傳譏在諸侯也 此六字當在下疏首下疏不見公者四字當在釋曰下元本及十行本閩監毛本並誤單疏本不誤

不見公者 此疏有脫誤說見上又十行本此疏在經公至自會下閩監毛本在傳譏在諸侯也下

自楚復歸于衞 閩監毛本同余本衞下有是字案以上注例之有是字者是○按桓十一年疏引有是字

春正月 昭廿三年經春下有王字

彼二文皆承月下 閩監毛本下誤不

故知爲危　閩監本同毛本知誤如

猶存公也　石經閩本同監毛本存誤在

存意公亦存也　閩監毛本同石經余本也作焉

不以致爲辭也　閩監毛本不以誤而不

故不致行父　閩本同監毛本故誤公

故詳而已之　閩監毛本已作紀余本已作曰○按作口韭也否則與成十六年注不合

甯所未詳　閩毛本同監本詳誤議

十有七年

不曰至盟也　何校本上有傳字

故云至自會　閩監本同毛本自誤日下鄭白同

故決其不以伐鄭致 閩監毛本同單疏本無不字何按本致作至

以今時身在後 閩監本同毛本脫在字

論用郊而陳宮室者 閩本同監毛本用作有○按儀禮經傳通解續廿二引作用

欲見嚴父然後至其夫家國備然後然享 閩監毛本夫作天下然作能何按本下然作祭儀禮經傳通解引亦作天作祭

理不通也 閩本同監毛本不作亦

乞盟一者 閩毛本同監本一字闕

壬申乃十月也 石經閩監毛本同余本脫壬申二字

十有八年

十五年奔楚 閩監本同毛本奔作犇

即既前文已云復入于晉 閩監毛本同何挍本無即字

晉侯使士匄來聘 石經閩監毛本同釋文士匄本又作丐。按丐俗匄字

天子囿方十里 閩監毛本同何挍本方下有百里公侯四字與公羊注合

伯方七里子男方五里 案公羊注無二方字

穀梁注疏卷十四挍勘記終

寧都李楨挍

監本附音春秋穀梁注疏襄公卷第十五 起元年盡十五年

范甯集解　楊士勛疏

襄公〔疏〕魯世家襄公名午成公之子定姒所生周簡王十四年即位謚法因事有功曰襄

元年春王正月公即位繼正即位正也〔疏〕繼正即位正也○釋曰襄是定姒之子嫌非正故重明之○仲孫蔑會晉欒黶宋華元衛甯殖曹人莒人邾人滕人薛人圍宋彭城繫彭城於宋者不與魚石正也魚石得罪於宋成十五年奔楚十八年復入于彭城然則彭城已屬魚石今猶繫宋者崇君抑叛臣也○復扶又反〔疏〕繫彭至正也○釋曰哀三年齊衛圍戚傳曰不繫戚於衛者子不有父也魚石人臣而取君之邑邑以繫國爲正故言繫彭城於宋不與魚石正也若不繫宋則似與之爲父于君意異。繫不有宋公羊傳曰曷爲繫之於宋不與諸侯專封也左氏云今楚[illegible]彭城以封魚石是魚石爲楚所封則三傳不異其說彭城繫宋則異也何者公羊意彭城繫宋不與楚封此傳意彭城繫宋不與魚石是其異也左氏以爲不成叛人又云謂之宋志是又與二傳意不同也○夏晉韓厥帥師伐鄭○仲孫蔑會齊崔杼曹人邾人杞人次于鄫鄫鄭地鄫或爲合○鄫似陵反○秋楚公子壬夫帥師侵宋○壬而林反九月辛酉天王崩○邾子來朝○朝直遥反

疏　邾子來朝○釋曰世本及左傳邾宣公也

○冬衛侯使公孫剽來聘○剽匹妙反○晉侯使荀罃來聘冬者十月初也王崩赴未至皆未聞喪故各得行朝聘之禮

疏　注冬者至之禮○釋曰周禮諸侯之邦交歲相問殷相聘世相朝又左傳云凡諸侯即位小國朝之大國聘焉此年公新即位故各行朝聘禮也知王崩赴未至者禮諸侯爲天子斬衰若其聞喪豈天子以九月崩當月即邾子來朝冬初即晉衛來聘魯是有禮之國焉得受之明知赴未至故各得行朝聘之禮也猶如襄二十

九年吳子餘祭五月所弑赴未至魯故季札以六月致魯仍行聘事亦此類也若然經書九月天王崩者赴雖在十月之末告以九月崩耳知王崩諸侯不得行朝聘之禮者曾子問云諸侯相見揖讓入門不得終禮廢者幾孔子曰六天子崩大廟火日食后夫人之喪雨霑服失容則廢是天子崩不得行朝聘也

二年春王正月葬簡王○鄭師伐宋○夏五月庚寅夫人姜氏薨○六月庚辰鄭伯睔卒○睔古困反○晉師宋師衛甯殖侵鄭其曰衛甯殖如是而稱于前事也初衛侯速卒鄭人侵之故舉甯殖之報以明稱其前事不書晉宋之將以慢其伐人之喪○稱于尺證反〔疏〕稱于前事○釋曰依例將尊師少稱將將卑師衆稱師傳知稱于前而書名者三人同有伐喪之罪或名或師明知稱師者罪重稱名者罪輕又成二年鄭人侵衛之喪今甯殖獨稱名氏故知稱其前事也○秋七月仲孫蔑會晉荀罃宋華元衛

孫林父曹人邾人于戚○己丑葬我小君齊姜齊謚○齊姜如字齊謚也一音側皆反後齊歸同〔疏〕注齊謚○釋曰葬皆舉謚又謚法執心克壯曰齊故知是謚○叔孫豹如宋○冬仲孫蔑會晉荀罃齊崔杼宋華元衛孫林父曹人邾人滕人薛人小邾人于戚遂城虎牢若言中國焉內鄭也虎牢鄭邑鄭服罪內之故爲之城不繫虎牢於鄭者如中國之邑也僖二年城楚丘傳曰楚丘者何衛之邑國曰城此邑也其曰城何封衛也然則非魯邑皆不言城中國猶國中也○爲于僞反〔疏〕○若言至鄭也○釋曰此言若中國焉者非是對戎狄而生名言中國猶國中也今經不繫虎牢於鄭者如國中之邑也所以如國中之邑者鄭服罪故內之也所以鄭服不繫虎牢者春秋之例外邑皆不言城今虎牢若繫鄭則不得書之故不繫之鄭比內邑也公羊以爲虎牢不繫鄭者爲中國諱伐喪說左氏者以爲虎牢已屬晉故不繫鄭並與穀梁異楚殺其大

夫公子申

三年春楚公子嬰齊帥師伐吳○公如晉○

夏四月壬戌公及晉侯盟于長樗晉侯出其國都與公盟于外地○樗丑居反（疏）注晉侯至外地○釋曰范知出國都與公盟者上言如晉下言公至自晉不言長樗故知之也公至自晉○六月公會單子晉侯宋公衛侯鄭伯莒子邾子齊世子光己未同盟于雞澤雞澤地也同者有同也同外楚也陳侯使袁僑如會

如會外乎會也外乎會者明本非會內也諸侯已會乃至耳（疏）外乎會也釋曰莊十四年單伯會伐宋傳云會事之成也僖二十八年陳侯如會傳曰外乎會也是二文互以相通也會伐宋伐事已成單伯乃至則踐土亦會事已成陳侯乃至也陳侯言外乎會明伐宋時亦外乎會也三處發傳者單伯內大夫陳侯是諸侯袁

僑爲君所使嫌有異故重發之於會受命也戊寅叔孫豹及諸侯之大夫及陳袁僑盟及以及與之也諸侯在會而大夫又盟是大夫執國之權亢君之禮陳君不會袁僑受使來盟袁僑之盟得其義也通言叔孫豹及諸侯之大夫則無以表袁僑之得禮故再言及明獨與袁僑不與諸侯之大夫○受使所吏反諸侯以爲可與則與之不可與則釋之諸侯盟又大夫相與私盟是大夫張也故雞澤之會諸侯始失正矣大夫執國權曰袁僑異之也釋不但揔言及諸侯之大夫而復別言袁僑者是異袁僑之得禮○復扶又反

疏及以至之也○釋曰傳解經所以再言及者以及與之也謂與袁僑故言及以殊之公羊以爲重言及者爲其與袁僑盟也其意言諸侯大夫所以爲盟者爲與袁僑盟也與穀梁傳異也禮君不敵臣陳遣大夫赴會諸侯大夫與之爲盟則是貴賤之宜而云大夫強者陳侯遠慕中國使大夫詣會受盟諸侯雖

則盟罷當須更與結好又尊卑不敵者謂獨會公侯今既與諸侯衆在何以得稱不敵陳侯不在故與袁僑得盟諸侯大夫君在私盟故謂之彊也案十六年大夫不臣也則不繫諸侯此云諸侯之大夫而謂之彊者此雖對君私盟慢君之意緩至十六年積習已久不臣之情極故不繫諸侯此亦應爲君之命而謂之私者對君盟非臣事故謂之私 ○秋公至自晉○冬晉荀罃帥師伐許

四年春王三月己酉陳侯午卒○夏叔孫豹如晉○秋七月戊子夫人姒氏薨成公夫人襄公母也姒杞姓○杞音起 （疏）夫人姒氏薨○釋曰公羊以爲戈氏何休云莒女此與左氏並爲姒氏范及杜預皆云杞女是與公羊異也傳妾子爲君其母不得稱夫人今薨葬備文者君與夫人禮成之臣民不可以妾禮遇之故亦得稱夫人今仍非禮也○葬陳成公○八月辛亥葬我小君定姒定謚○冬公如晉○陳人圍頓

五年春公至自晉○夏鄭伯使公子發來聘○叔孫豹繒世子巫如晉外不言如而言如爲我事往也外相如不書爲魯事往故同於内○巫亡符反爲于僞反

疏叔孫豹繒世子巫如晉者。○釋曰公羊以繒世子巫是繒之前夫人莒女所生其巫之母即是魯襄公同母姊妹繒更娶後夫人於莒而無子有女還于莒爲夫人生公子但繒子愛後之夫人故立其外孫莒之公子故叔孫豹與世子巫如晉訟之此傳直云爲我事往也不如更爲何事故徐邈注此取左氏爲說云爲我事往者謂請繒于晉以助已出賦也今范云外相如不書爲魯事往故同於内也下文滅繒此傳亦同公羊取外孫爲嗣則此之如晉同公羊理亦無損但巫繼與魯同是莒之外孫傳不得云爲我事往也況又上四年范注云姒氏襄公母杞姓也則襄公母非莒女也若同左氏則於傳文爲順未審范意如何或當范雖從公羊外孫爲嗣此明如晉非爲外孫

○仲孫蔑衛孫林父會吳于善稻善稻吳地。○善稻吳謂之伊緩左氏作善道吳謂善伊謂稻

緩號從中國名從主人夷狄所號地形及物類當從中國言之以教殊俗故不言伊緩而言善稻人名當從其本俗言〔疏〕號從中國○釋曰重發此文者邾之與宋俱是中國嫌此魯衛會吳善稻善稻吳地嫌從夷號故重發之大原晉地接狄之竟名曰大鹵恐從狄名故更發其例蚡泉魯地莒從夷俗但狄人謂蚡泉爲矢胎莒不得與真夷狄同故亦須發例也名從主人者越爲於越左氏云壽夢之鼎是也○秋大雩○楚殺其大夫公子壬夫○公會晉侯宋公陳侯衛侯鄭伯曹伯莒子邾子滕子薛伯齊世子光吳人繒人于戚繒以外甥爲子曾夷狄之不若故序吳下所以不復殊外吳者以其數會中國故○曾夷才登反又如字不復扶又反數會音朔〔疏〕注數會中國故○釋曰繒夷狄之不若自當序吳下繒在吳下即得殊吳所以云數會中國者若繒夷狄不若吳不數會中國縱使抑繒不可稱人進班也今以其數行進之故序云會進之故序繒于下以表夷狄之不若○進吳於上以顯其數會中國也公至自

會○冬戍陳內辭也不言諸侯是魯戍之〔疏〕內辭也○釋曰此戍陳公羊以爲諸侯雖至不可得而序故獨言我也杜預以爲戚會受晉命戍陳諸侯各自遣戍不復告魯故不書也觀范注似魯獨自戍之案檢上下則於理不得何者定五年歸粟于蔡傳云專辭也彼專辭即與此內辭不異彼傳歸粟更云諸侯歸之則此戍陳亦是諸侯同戍襄三十年澶淵救災具列諸國故定五年歸粟不復歷序諸侯則此亦以救陳之文具列諸侯故於戍之文獨言魯戍也彼傳云義邇也不足具列則此亦以其事可知故經文不序范云魯者解經之獨立文也○楚公子貞帥師伐陳○公會晉侯宋公衛侯鄭伯曹伯莒子邾子滕子薛伯齊世子光救陳十有二月公至自救陳善救陳也楚人伐陳公能救中國而攘夷狄故善之〔疏〕善救陳也○釋曰於公之至下言善之謂以救陳致之者春秋主善以內故書公至下重發○辛未季孫行父卒

六年春王三月壬午杞伯姑容卒○夏宋華弱來奔○秋葬杞桓公○滕子來朝○朝直遥反○莒人滅繒莒是繒甥立以爲後非其族類神不歆其祀故言滅○莒人滅繒似陵反立其甥爲後異姓故言滅也非滅也非以兵滅中國日卑國月夷狄時繒中國也而時非滅也家有既亡國有既滅滅猶亡亡猶滅家立異姓爲後則亡國立異姓爲嗣則滅既盡也滅而不自知由別之而不別也繒不達滅亡之義故國滅而不知○別彼列反莒人滅繒非滅也非立異姓以莅祭祀滅亡之道也○莅音利又音類

疏中國至道也○釋曰重發傳者非兵滅故重明之由別之不別也言繒所以滅者立嗣須分別同姓而繒不別也舊解云別猶識也言繒君唯識知國須立後不能分別異姓之不得齊侯滅萊左氏以爲齊遷萊子於郳故不書出奔

公羊以爲萊子出奔不如死也死不書舉滅爲重此無傳未知所從○冬叔孫豹如邾○季孫宿如晉宿行父子○十有二月齊侯滅萊

七年春郯子來朝○郯音談朝直遥反下同○夏四月三卜郊不從乃免牲夏四月不時也三卜禮也乃者亡乎人之辭也

疏三卜至辭也○釋曰三卜是禮而書之者爲三卜不從及四月不時故也乃者亡乎人之辭也復發傳者嫌三卜禮不當責無人也

○小邾子來朝

疏小邾子來朝○釋曰左傳小邾穆公也

○城費○費音秘○秋季孫宿如衛○八月螽○冬十月衛侯使孫林父來聘壬戌及孫林父盟○楚公子貞帥師圍陳○十有二月公會晉侯宋公陳侯衛侯曹伯莒子

鄬子于鄬鄬鄭地○鄬本又作隝于詭反鄭伯髡原如會○髡苦門反本又作郡或作頵頵音於倫反左氏作髡頑未見諸侯丙戌卒于操○操鄭地操七報反未見諸侯其曰如會何也致其志也禮諸侯不生名此其生名何也卒之名也卒之名則何爲加之如會之上見以如會卒也其見以如會卒何也鄭伯將會中國其臣欲從楚不勝其臣弒而死其不言弒何也不使夷狄之民加乎中國之君也邵曰以其臣欲從楚故謂夷狄之民不欲使夷狄之臣得弒中國之君故去弒而言卒使若正卒然○見以賢偏反去起呂反其地於外也其日未踰竟也日卒時葬正也未踰竟音境〔疏〕日卒至正也○釋曰

葬在八年此處發之者以鄭伯被弒而同正卒既同正卒宜云正葬故連言也重發正卒之傳者今被弒而同正卒嫌與他例異故明之也 陳侯逃歸以其去諸侯故逃之也 鄭伯欲從中國而罹其凶禍諸侯莫有討心於是懼而去之背華即夷故書逃以抑之○背音佩

八年春王正月公如晉 疏 正月公如晉○釋曰傳例往月危往也原空今書正月者以鄭伯歸晉受禍陳侯畏楚逃歸明晉之不足可恃而公往朝危之道故書月也 ○夏葬鄭僖公○鄭人侵蔡獲蔡公子濕 獲者不與之辭侵者所以服不義無相獲之道○公子濕本又作隰又音爕二十年同左氏作爕 人微者也浸淺事也而獲公子公子病矣 疏 公子病矣○釋曰公羊以爲侵而言獲者適得其意謂值其無備故獲得之此云公子病矣謂侵是淺事所以得公子者由公子病弱耳徐邈云公子病不任爲將帥故獲之○

季孫宿會晉侯鄭伯齊人宋人衛人邾人于

邢丘邢丘地。邢音刑。見晉之失正也公在而大夫會也。見賢遍反疏見晉之失正也。釋曰以公在晉未及告公大夫為會故云失正也○公至自晉○莒人伐我東鄙○秋九月大雩○冬楚公子貞帥師伐鄭○晉侯使士匄來聘

九年春宋災外災不志此其志何也故宋也故猶先也孔子之先宋人疏宋災。釋曰公羊以為大者曰災何休云大者謂正寢社稷宗廟朝廷也小者非宗廟社稷也又曰內何以不言火甚之也者何休云春秋以內為天下法故雖小有火如大災又云外災不書此何書為王者之後記災也此傳直云故宋也徐邈云春秋王魯以周公為王後以宋為故也是亦以為王者之後記災也今范獨云孔子之先宋人故記其災以黜周王魯乃是公羊之說今徐乃取以解穀梁故范不從之○夏季孫宿如晉○五月辛酉夫人姜氏薨成公母○秋八月

癸未葬我小君穆姜○冬公會晉侯宋公衛侯曹伯莒子邾子滕子薛伯。小邾子齊世子光伐鄭十有二月己亥同盟于戲戲鄭地○于戲許宜反

不異言鄭善得鄭也不致恥不能據鄭也戲盟還而楚伐鄭故恥不能終有鄭

[疏]不異至鄭也○釋曰舊解以伐鄭之文在上即同盟于戲明鄭在可知故不異言也善得鄭也言鄭服心同盟故以爲善既善得鄭則是無恥所以不致者恥不能據鄭也謂既盟之後楚即伐鄭恥不能終據之故不致也又一解不異言鄭謂會伐無鄭伯之文今不序是不異言也所以不異言者善得鄭也嘉其服心受盟比之舊同好然故不異言也既善得鄭又以爲恥者當時鄭雖受盟楚即伐鄭諸侯不能終據鄭故以爲恥也○楚子伐鄭

十年春公會晉侯宋公衛侯曹伯莒子邾子

滕子薛伯杞伯小邾子齊世子光會吳于柤。柤，楚地。○柤，莊加反。于會，又會，外之也。五年會于戚，不殊會，今殊會吳者，復夷狄故。○復，扶又反，下不復皆同。〔疏〕會又會外之也。○釋曰：重發傳者，五年戚會不殊吳，今殊之，故復發傳。○注「復夷狄故」。○釋曰：舊解戚之會抑繒進吳，故不得殊會，今宜當復夷狄，故會以外之。或以爲戚會以吳行進，故不殊之，今在後更爲夷狄之行，故外之。

○夏五月甲午，遂滅傅陽。傅陽，左氏作偪陽。遂，直遂也。其曰遂何？不以中國從夷狄也。言時實吳會諸侯滅傅陽，恥以中國之君從夷狄之主，故加甲午，使若改日諸侯自滅傅陽。滅甲國月，此日，蓋爲遂耳。○爲，于僞反。〔疏〕遂直遂也。○釋曰：傳言「遂直遂也」者，是繼事之辭，不須云日，今加甲午，始云遂滅，與凡遂異，故傳言之。○注「此日蓋爲遂耳」。○釋曰：傅陽，甲國，例當書月，此經言日，故范云蓋爲遂耳。爲遂者，欲見不使中國之君從夷狄之主也。

公至自會。會夷狄不致，惡事不致。夷狄不致，恥與同；惡事不致，恥有惡。

此其致何也會吳會夷狄也滅傳陽惡事也據不應致存中國也以中國之君從夷狄之主而滅人之邑也此即夷狄爾是無中國也故滅加甲午使若改日諸侯自滅傳陽爾不以諸侯從夷狄也滅中國雖惡事自諸侯之一眚爾從夷狄而滅人則中國不復存矣○眚所景反

疏夷狄至國也○釋曰僖二十六年公至自伐齊傳曰惡事不致此其致之何也危之也彼亦是以蠻夷伐中國傳總釋之今分別兩言之者當以直會夷狄直爲惡事二者俱不致會夷狄不致者成二年蜀之盟是也惡事不致者桓二年稷之會是也今公從夷狄爲柤之一會又滅傳陽二事皆惡故傳兩舉之彼公以楚師伐齊唯是一事故總釋耳傳於此見存中國之文者雞澤之會諸侯失政從此之後日益陵遲又會夷狄之人以滅中國惡事之甚故書公至以存之僖二十六年傳云危之此云存之者彼向來陵遲故直云危之公此時微弱之甚故云存中國也○注而滅人之邑○釋曰此謂國邑也故上注云畢國月公羊左氏亦以爲國也

中國有善事則并焉若中國有善事則不復言會諸侯改日遂滅傳陽如僖四年諸侯侵蔡蔡潰遂伐楚是并焉○則并必性反又如字無善事則異之存

之也諸侯會吳于柤甲午遂滅偪陽是則若會與遂異人汲鄭伯汲猶引也鄭伯髡原爲臣所弒而不書弒此引而致於善事○汲音急逃歸陳侯鄬之會陳侯不會以其爲楚故言逃歸○爲于僞反致柤之會存中國也○楚子貞鄭公孫輒帥師伐宋○晉師伐秦○秋莒人伐我東鄙○公會晉侯宋公衛侯曹伯莒子邾子齊世子光滕子薛伯杞伯小邾子伐鄭齊世子光序滕薛之上蓋驕蹇○蹇紀輦反○冬盜殺鄭公子斐公子發公孫輒稱盜以殺大夫弗以上下道惡上也兩下相殺不志乎春秋惡鄭伯不能脩政刑致盜殺大夫也以上下道當言鄭人殺其大夫○斐芳尾反左氏作騑惡烏路反〈疏〉稱盜至上也釋曰哀四年傳云微殺大夫謂之盜而曰上下道者以微殺大夫即是兩下相殺兩下相殺不志乎春秋此惡鄭伯不能脩政刑以致

盜殺大夫則哀十三年盜殺陳夏區夫昭二十年盜殺衛侯之兄輒亦是惡其君以致盜也兩下相殺既不入于例故云不以上下道其以上下道者當云鄭人殺其大夫也然文六年狐射姑殺陽處父經改兩下相殺之文晉殺其大夫陽處父是謂君國殺之之辭也則上下之道亦稱國而獨決其不稱人者稱國以殺大夫有二例以二例不定故不得專爲上下道稱人殺是誅有罪之文有罪無二例故得決之於此發例者盜殺大夫初起於此故也○戍鄭虎

牢不稱其人則魯戍也猶戍陳其曰鄭虎牢決鄭乎虎牢也二年鄭去楚而從中國故城虎牢不言鄭使與中國無異自爾已來數反覆無從善之意故繫之於鄭決絕而棄外○數所角反 覆芳服反

〖疏〗注二年至棄外○釋曰注言此者解其決鄭之意九年鄭與諸侯同盟其年楚子伐鄭鄭從楚此年又與楚公子貞伐宋是其數反覆也今諸侯則戍鄭鄭當見其無從善之心故不得內之以盟當決絕之若不決絕之當如上二年直云城虎牢不繫之鄭也

○楚公子貞帥師救鄭○公至自伐鄭

十有一年春王正月作三軍作爲也古者天子六師諸侯一軍作三軍非正也周禮司馬法曰萬有二千五百人爲軍王六軍大國三軍次國二軍小國一軍其將皆命卿二千五百人爲師然則此言天子六師凡萬有五千人大國三軍則三萬七千五百人諸侯制踰天子非義也揔云諸侯一軍又非制也昭五年經曰舍中軍傳曰貴復正也然則魯有二軍今云作三軍增置中軍爾魯爲次國於此爲明○將子匠反舍中音捨（疏）注魯爲次國○釋曰魯本周公之後地方七百里而云次國者據春秋時言之也○夏四月四卜郊不從乃不郊夏四月不時也四卜非禮也（疏）四卜非禮也○釋曰上三卜爲禮而非時此卜違禮而禮亦非時故重發傳不言免牲者不行免牲之禮故但言不郊耳○鄭公孫舍之帥師侵宋○公會晉侯宋公衛侯曹伯齊世子光莒子邾子滕子薛伯杞伯小邾

子伐鄭。○秋七月己未，同盟于京城北。盟謀更共伐鄭。京城北，鄭地。○京城，左氏京作亳。公至自伐鄭。不以後致，盟後復伐鄭也。傳例曰：已伐而盟，復伐者，則以伐致；盟不復伐者，則以會致。此言不以後致，謂會在伐後。○復，扶又反。

【疏】不以至鄭也○釋曰：成十七年夏，公會尹子云云伐鄭，乙酉同盟于柯陵，與此正同。彼云公至自會，此云公至自伐鄭，致文不同者，案彼伐鄭同盟於柯陵，爲公不同于伐鄭，以會事爲大，故以會致。此時鄭從楚，楚彊，諸侯畏之，故以伐爲大事，又盟後重更伐鄭，故以伐致也。○注傳例至伐後○釋曰：下十九年傳文。

○楚子、鄭伯伐宋。○公會晉侯、宋公、衛侯、曹伯、齊世子光、莒子、邾子、滕子、薛伯、杞伯、小邾子伐鄭，會于蕭魚。蕭魚，鄭地。公至自會。伐而後會，不以伐鄭致，得鄭伯之辭也。鄭與會而服中國，喜之，故以會致。○鄭與，音豫。

【疏】伐而至辭也○釋曰：

僖四年傳云二事偶則以後事致此云公至自會正是其常而云不以伐鄭致者以鄭從楚伐之尤難故當以伐爲大事但以喜鄭與會故以會致之

○楚人執鄭行人良霄行人者挈國之辭也行人是傳國之辭命者○傳直專反

疏挈國之辭也○釋曰舊解挈猶傳也行人傳國使會命故云挈國之辭也或以挈爲舉謂傳舉國命之辭理亦通耳但與注乖行人之文有六傳之所以發者三也昭公八年楚人執陳行人于徵師傳曰稱人以執大夫執有罪也稱行人怨接於上也襄十有八年晉人執衛行人石買傳曰稱行人怨接於上也此云楚人執鄭行人良霄傳曰挈國之辭也徵師云稱人執有罪則此挈國之辭而被囚執亦是有罪也石買云稱行人怨接於上則良霄亦然也是其文亦相通也傳舉三者則定六年晉人執宋行人樂祁犂七年齊人執衛行人北宮結昭二十三年晉人執我行人叔孫婼亦然也是稱人以執有罪石買稱行人怨接於上明君之與臣兩舉失之也執大夫稱人又有二義莊十七年齊人執鄭詹傳曰人者衆辭也以人執與之辭也僖四年齊人執陳袁濤塗傳曰齊人者齊侯也不正其踰國而執也桓十一年宋人執鄭祭仲傳曰宋人者宋公也其曰人何也貶之也是有二

也案經例執大夫皆稱人而執未有稱公侯者而云貶宋公齊侯何也斯有旨矣然執大夫得其罪例當稱人經因事以明義若被執者有罪則稱人以見罪若執人者有罪亦稱人以見惡齊侯爲踰國而執宋公命人逐君故貶之也稱人以明不正也縱使例執得其罪未有稱公侯之文其齊宋二君亦當貶從稱人之限故經雖同常文傳則分而別之所謂善惡不嫌同辭不可以一槩求之矣祭仲不稱行人舊解私罪不稱行人或當非行人故也○冬秦人伐晉

十有二年春王三月莒人伐我東鄙圍邰蓋攻守之害深故以危録其月○邰本又作台他來反又音臺伐國不言圍邑舉重也伐國重圍邑輕舉重可以包輕取邑不書圍安足書也不足書而今書蓋爲下事起○爲于僞反（疏）注蓋爲下事起○釋曰范知之者以伐國不言圍邑言圍邑有所見明此爲下事耳○季孫宿帥師救邰遂入鄆鄆莒邑○鄆音運遂繼事也受

命而救郃不受命而入鄆惡季孫宿也○惡烏路反○夏晉侯使士魴來聘○秋九月吳子乘卒○冬楚公子貞帥師侵宋○公如晉

十有三年春公至自晉○夏取邿○邿音詩〔疏〕夏取邿○釋曰公羊以邿爲邾婁之邑此傳雖無説蓋從左氏爲國也○秋九月庚辰楚子審卒共王○共音恭○冬城防

十有四年春王正月季孫宿叔老會晉士匄齊人宋人衛人鄭公孫蠆曹人莒人邾人滕人薛人杞人小邾人會吳于向向鄭地○蠆音丑邁反向舒亮反〔疏〕正月至于向○釋曰何休云月者刺諸侯委任大夫二年之後君若贅旒然故月之范雖不注或以二卿遠會

蠻夷危之故月從何說理亦通耳○二月乙未朔日有食之○夏四月叔孫豹會晉荀偃齊人宋人衛北宮括鄭公孫蠆曹人莒人邾人滕人薛人杞人小邾人伐秦○己未衛侯出奔齊諸侯出奔例月衎結怨于民自棄於位君弒而歸與知逆謀故出入皆日以著其惡○與音豫

【疏】注諸侯至其惡○釋曰桓十五年五月鄭伯突出奔蔡十六年十有一月衛侯朔出奔齊又十一年鄭忽出奔衛亦文承九月之下是例月也若然昭三年冬北燕伯款出奔齊二十一年冬蔡侯東出奔楚而書時者彼蔡侯東時爲公如晉不當月故時也其北燕伯時自爲大雨雹故亦略其月文或當時眀月同唯書日有異也然此書日以著衛侯之惡則昭二十五年九月乙亥公孫于齊亦是明公之惡也或可詳內不可以外例准之然衛侯朔出奔齊傳曰朔之名惡也天子召而不往彼亦惡而書名則北燕伯蔡侯之徒亦是書名以見惡也今衛侯以惡甚而書日所以不名者鄭忽出奔衛傳曰其名失國也衛侯雖則惡甚以其不失國故不名以見得

國人書名以明惡也曹伯負芻無罪故出入不名則衛侯鄭入書名者亦惡可知也然衛侯朔亦得國而出書名者以天子絶之故也則蔡侯東北燕伯款亦爲失國而名也鄭忽桓十五年稱世子忽復歸于鄭亦是得國而書名者以其微弱罪賤之故傳曰其名失國以後雖入國不能自安故亦與失國同也又忽是世子與君少異故彼注云其名謂去世子而但稱忽是也公孫于齊不名者爲内諱也一解以衛侯不名者出奔書曰以見罪惡甚故不復名也理亦通耳○莒人侵我東鄙○秋楚公子貞帥師伐吳○冬季孫宿會晉士匄宋華閱衛孫林父鄭公孫蠆莒人邾人于戚○閱音悅

十有五年春宋公使向戌來聘向舒亮反戌音恤○二月己亥及向戌盟于劉○劉夏逆王后于齊劉采地夏名書名則非卿也天子無外所命則成故不言逆女○劉夏戶雅反注同〔疏〕劉夏至于齊○釋曰公羊以劉

夏爲天子下大夫今范云非卿則亦以爲下大夫也此時王者案世本本紀當頃王也過我故志之也○過音戈○夏齊侯伐我北鄙圍成○公救成至遇至遇而齊師已退也過魯地○季孫宿叔孫豹帥師城成郛郛郭○郛音孚○秋八月丁巳日有食之○邾人伐我南鄙○冬十有一月癸亥晉侯周卒○

監本附音春秋穀梁注疏襄公卷十五

新建縣知縣鄭祖琛
浮梁縣知縣劉丙　同栞

穀梁注疏卷十五挍勘記　阮元撰盧宣旬摘錄

襄公 余本卷第九單疏本同

元年

爲父子君意異繫不有殊 閩本同監毛本君作若何挍本君下有臣字異下有故字

曷爲繫之於宋 按公羊傳無於字

鄫或爲合 閩毛本同監本鄫誤鄭

晉侯使荀罃來聘 閩監毛本同石經罃作罌二三年並同

故季札以六月致魯 閩監毛本致作至單疏本作到

二年

六月庚辰鄭伯睔卒 石經同閩監毛本辰作寅又毛本睔字鄭

以明稱其前事 閩監毛本其作于

三年

諸侯始失正矣 閩監毛本同石經正作王

謂獨會公侯 閩監毛本同單疏本公作外

此亦應爲君之命 閩監毛本同單疏本爲作受

公至自晉 閩監毛本同石經晉作會

四年

公羊以爲戈氏 監本同閩毛本戈改弋是也

五年

叔孫豹繒世子巫如晉者 閩監毛本無者字案此文當在下公羊以繒世子巫云云

之上注疏本以此句爲標起止非也

狄人謂蚡泉爲矢胎　段玉裁云昭五年經蚡作賁矢胎作失台

越爲於越　閩監毛本同單疏本爲作謂

六年

非立異姓以莅祭祀　此本非字空缺閩監毛本無非字石經余本有顧炎武云石經多一非字何焯云非字疑衍案宣十五年傳非稅畝之災也注云緣宣公稅畝故生此災以責之非責也與此傳非字義同繒非滅謂之滅者立異姓是滅亡之道故責之顧說何說並誤

七年

于鄬　閩監毛本同釋文本又作隖

鄭伯髡原如會　閩監毛本同釋文髡完本又作郡或作頵

宜云正葬 閩監毛本云作同

嫌與他例異 何挍本他誤陀

八年

今書正月者 十行本此上空二字閩監毛本不空

獲蔡公子濕 閩監本同毛本濕作溼釋文本又作隰

九年

以周公爲王後 閩監毛本同何挍本王後作後王

公會晉侯宋公衛侯曹伯莒子邾子滕子薛伯小邾子齊世子光伐鄭 閩監毛本同石經薛伯下有杞伯二字

謂會伐無鄭伯之文 閩監毛本會伐誤倒

十年

其曰遂何　閩監毛本同石經余本下有也字

彼向來陵遲　閩監毛本同何按本向來作尙未

今諸侯則戍鄭　閩監毛本同何按本戍作伐

當見其無從善之心　閩本同監毛本見誤是

以盟當決絶之　閩監毛本同單疏本盟作明是也

十有一年

凡萬有五千人　閩監毛本同何按本凡下有七字宋本同案有七者非上注云萬有二千五百人爲軍二千五百人爲師是軍與師不同六師止有萬五千人若七萬五千人則六軍之數非六師之數也

此卜違禮而禮亦非時　閩監毛本同何按本而作非

此時鄭從楚彊 閩監本同毛本從誤後單疏本彊作張

稱人以執大夫 閩監毛本下有者字○按昭八年傳無者字

襄十有八年 閩監毛本同何校本無有字

晉執衛行人石買 按十八年經晉下有人字

是其文亦相通也 閩監毛本同何校本亦作互是也

明君之與臣 閩監毛本同何校本與作於

或當非行人故也 閩監毛本同單疏本無非字

十有四年

二年之後 閩監毛本同何校本二作三與公羊注合

文或當時明月同 閩監毛本同何校本明作與是也

穀梁注疏卷十五挍勘記終

寧都李楨挍

監本附音春秋穀梁注疏襄公卷十六 起十六年盡三十一年

范甯集解　楊士勛疏

十有六年春王正月葬晉悼公○三月公會晉侯宋公衛侯鄭伯曹伯莒子邾子薛伯杞伯小邾子于溴梁溴梁溴梁地。溴古闃反戊寅大夫盟溴梁之會諸侯失正矣諸侯會而曰大夫盟正在大夫也諸侯在而不曰諸侯之大夫大夫不臣也晉人執莒子邾子以歸疏晉人至以歸釋曰諸侯不得私相治執人以歸非禮明矣○齊侯伐我北鄙○夏公至自會○五月甲子地震○叔老會鄭伯晉荀偃衛

甯殖宋人伐許○秋齊侯伐我北鄙圍成○大雩○冬叔孫豹如晉

十有七年春王二月庚午邾子瞷卒。瞷音閑，左氏作牼○宋人伐陳○夏衛石買帥師伐曹○秋齊侯伐我北鄙圍桃齊高厚帥師伐我北鄙圍防○九月大雩【疏】九月大雩。釋曰：前年大雩不月，此月者，僖十一年傳曰"雩月，正也"，是九月、八月雩得正也。故前年雩不正時也○宋華臣出奔陳○冬邾人伐我南鄙

十有八年春白狄來不言朝，不能行朝禮。○朝，直遥反○夏晉人執衛行人石買稱行人怨接於上也怨其君而執其使，稱

行人明使人爾罪在上疏注怨其君至在上也○釋曰稱
也○其使所吏反下同人以執是執有罪范云明使人
者謂稱行人者明罪在君上故云明使人非謂稱行人以
罪晉也重發傳者楚是夷狄嫌晉之主盟當異故重明之○

秋，齊侯伐我北鄙。○冬十月，公會晉侯、宋公、衛侯、鄭伯、曹伯、莒子、邾子、滕子、薛伯、杞伯、小邾子同圍齊。非圍而曰圍，據實伐**齊有大焉，亦有病焉。**齊若無罪，諸侯豈得同病之乎**非大而足同焉？**齊非大國，諸侯豈足同共圍之與○同與音餘**諸侯同罪之也，亦病矣。**諸侯同罪大國，是不量力，必爲大國所讎，則亦病矣

疏非圍至病矣○釋曰：知非圍者，以十九年經云至自伐齊，不以圍致故也。傳言非圍而曰圍者，解經不以實言之意。齊有大焉，亦有病焉，謂經稱同圍之意。齊雖有事大國焉，亦有罪惡焉，病猶罪惡也，謂數伐魯，以數伐魯，又復國大，故稱同圍之耳。非大而足同與，覆上齊有大焉，諸侯同罪之意也，謂齊若非大國，何須諸侯同罪之也。亦

病矣謂齊是大國諸侯共同罪之必爲大國所讎是取禍之道故云亦罪惡矣言諸侯與齊同有罪惡也〇曹伯負芻卒于師閔之也（疏）閔之也○釋曰僖四年許男新臣卒彼內桓師故不地知言卒于師者皆閔之也〇楚公子午帥師伐鄭

十有九年春王正月諸侯盟于祝柯前年同圍齊之諸侯也祝柯齊地○祝柯右河反注同晉人執邾子公至自伐齊春秋之義已伐而盟復伐者則以伐致京城北之類是○復扶又反下及注皆同盟不復伐者則以會致會于蕭魚之類是祝柯之盟盟復伐齊與怪不以會致○與音餘曰非也不復伐齊然則何爲以伐致也曰與人同事或執其君或取其地同與邾圍齊而晉執其君魯取其地此與盟後後伐无異（疏）或執至其地○釋曰據此傳文事實在邾

不關于齊而以伐齊致者以明實伐齊盟後又或執其君或取其地與盟後復伐無異故託事以見意罪晉執君惡魯取地若其實不伐齊亦不得以伐致也○**取邾田自漷水**以漷水爲界○漷水火號反又音郭水名**軋辭也**軋委曲隨漷水言取邾田之多○軋於八反〔疏〕軋辭也○釋曰公羊以爲漷水移入邾界魯隨而有之今云軋辭者軋謂委曲經言自漷水者委曲之辭也一解軋辭者軋謂委曲言取邾田委曲隨漷水爲界之辭言其多也**其不日惡盟也**○惡烏路反〔疏〕其不日惡盟也釋曰謂執君取地

○季孫宿如晉○葬曹成公○夏衞孫林父帥師伐齊○秋七月辛卯齊侯環卒○晉士匄帥師侵齊至穀聞齊侯卒乃還還者事未畢之辭也〔疏〕還者至辭也○釋曰重發傳者嫌內外異也何休廢疾難此云君子不求備於一人闕原三空字士匄不伐喪純善矣何以復責其專大功也鄭玄釋之曰士匄不伐喪則善矣然于善則稱君禮仍未備故言乃還不

言乃復作未畢之辭還者致辭復命反命如鄭之言亦是譏士匄不復命乃然如鄭意以乃還爲惡乃復爲善則公子遂至黃乃復又爲惡之者彼以遂違君命而反故加畢事之文欲見臣不專君命與此意少異此既善不伐喪復爲事畢之辭則是純善士匄故以未畢之辭言之受命而誅生死無所加其怒不伐喪善之也善之則何爲未畢也君不尸小事臣不專大名善則稱君過則稱已則民作讓矣士匄外專君命故非之也然則爲士匄者宜奈何宜墠帷而歸命乎介除地爲墠於墠張帷反命于介介歸告君君命乃還不敢專也○墠音善介音界副使也○八月丙辰仲孫蔑卒○齊殺其大夫高厚○鄭殺其大夫公子嘉○冬葬齊靈公○城西郛○叔孫豹會晉士匄于柯

柯地〇城武城

二十年春王正月辛亥仲孫速會莒人盟于向向莒邑〇向舒亮反〇夏六月庚申公會晉侯齊侯宋公衞侯鄭伯曹伯莒子邾子滕子薛伯杞伯小邾子盟于澶淵澶淵衞地〇澶市然反〇秋公至自會〇仲孫速帥師伐邾〇蔡殺其大夫公子濕蔡公子履出奔楚〇陳侯之弟光出奔楚諸侯之尊弟兄不得以屬通其弟云者親之也親而奔之惡也顯書弟明其親也親而奔逐之所以惡陳侯〇弟光左氏作黃惡音烏路反

（疏）注所以惡陳侯〇釋曰知非惡光者以傳例歸爲善自某歸次之以二十三年云光自楚歸于陳又且專之稱

弟羿衛侯則光稱弟羿陳侯也故鄭釋廢疾亦云惡陳侯也〇叔老如齊〇冬十月丙辰朔日有食之〇季孫宿如宋

二十有一年春王正月公如晉〇邾庶其以漆閭丘來奔以者不以者也凱曰人臣無專祿以邑叛之道〇漆音七閭力居反〔疏〕以者不以者也〇釋曰重發傳者此非用兵之以故昭五年莒牟夷以牟婁及防茲來奔傳曰及防茲以大及小也是小大不敵故當言及今不言及爲小大敵故也來奔者不言出舉其接我者也漆閭丘不言及小大敵也〇夏公至自晉〇秋晉欒盈出奔楚〇九月庚戌朔日有食之〇冬十月庚辰朔日有食之〔疏〕日有食之〇釋曰此年與二十四年皆頻月日食據今歷有無頻食之理但古或有之故漢書高祖本紀亦有頻食〇

曹伯來朝○朝直遥反　○公會晉侯齊侯宋公衛侯鄭伯曹伯莒子邾子于商任商任某地○任音壬　○庚子孔子生【疏】庚子孔子生○釋曰仲尼以此年生故傳因而録之史記世家云襄公二十二年生者馬遷之言與經典不同者非一故與此傳異年耳

二十有二年春王正月公至自會【疏】公至自會釋曰此與二十一年公如晉皆月者依傳例月者有危傳不記危之事未可知也何休云善公能事大國案下沙隨會公至不月則何説非

○夏四月○秋七月辛酉叔老卒○冬公會晉侯齊侯宋公衛侯鄭伯曹伯莒子邾子滕子薛伯杞伯小邾子于沙隨○公至自會○楚殺其大夫公子追舒

二十有三年春王二月癸酉朔日有食之○三月己巳杞伯匄卒○匄古害反○夏邾畀我來奔○畀必二反○葬杞孝公○陳殺其大夫慶虎及慶寅稱國以殺罪累上也及慶寅慶寅累也陳侯之弟光自楚歸于陳光反稱弟言歸無罪明矣○晉欒盈復入于晉入于曲沃曲沃晉地○復扶又反○秋齊侯伐衛遂伐晉○八月叔孫豹帥師救晉次于雍渝雍渝晉地○雍於用反又如字渝羊朱反言救後次非救也惡其不遂君命而專止次故先通君命而後言次尊君抑臣之義鄭嗣曰次止也凡先書救而後言次皆非救也僖元年齊師宋師曹師次于聶北救邢此師本欲止聶北遥爲之援爾隨其本意而書故先言次而後言救豹本受君命救晉中道不能故先言

救而后言次若鄭伯未見諸侯而曰如會致其本意○惡其音烏路反下傳惡之同䍐𠇗不輒反中道丁仲反又如字

〔疏〕言救至救也○釋曰后言次爲非救則以僖元年先言次即是救彼傳亦云非救者其實言次則並是非救但傳各隨其本意而釋之鄭嗣言之詳矣

○己卯仲孫速卒○冬十月乙亥臧孫紇出奔邾其日正臧孫紇之出也正其有罪蘧伯玉曰不以道事其君者其出乎必不見容○蘧其居反○晉人殺欒盈惡之弗有也不言殺其大夫是不有之以爲大夫○齊侯襲莒輕行掩其不備曰襲○輕遣政反又如字

二十有四年春叔孫豹如晉○仲孫羯帥師侵齊○夏楚子伐吳○秋七月甲子朔日有食之既○齊崔杼帥師伐莒○大水○八月

癸巳朔日有食之○公會晉侯宋公衛侯鄭伯曹伯莒子邾子滕子薛伯杞伯小邾子于夷儀○冬楚子蔡侯陳侯許男伐鄭○公至自會○陳鍼宜咎出奔楚 ○鍼其廉反咎其九反 ○叔孫豹如京師○大饑五穀不升爲大饑 升成也 一穀不升謂之嗛 嗛不足貌嗛去簟反 ○二穀不升謂之饑三穀不升謂之饉 ○饉音近 四穀不升謂之康 康虛 五穀不升謂之大侵 侵傷

疏 五穀至大侵○釋曰二穀不升謂之饑今經云大饑故傳云五穀不升也謂之嗛謂之康嗛是不足之貌康是虛荒之名五穀不升謂之大侵又謂之大饑者以經云大饑是傳文順經言之經所云大饑者謂五穀不熟也其實大侵者大饑之異名通而言之正是一物也傳欲分析五種之名故異言之耳

徐邈云有死者曰大饑無死者曰大饑何休云有死。曰大饑無死。曰饑竝以意言之與穀梁異也　大侵之禮君食不兼味臺榭不塗　塗塗飾。○榭音謝塗烏路反又同都反　弛侯廷道不除　弛廢也侯射侯也廢侯不燕射廷內道路不脩除。○弛侯式氏反廷道徒佞反朝廷之道也一音庭　疏　注弛廢至燕射。○釋曰凡大射爲祭擇士賓射則接賓而射燕則因歡燕而爲射旣國大饑君不宜燕樂故注舉燕射言之其實尚不祭鬼神亦不應有大射賓射之禮故傳以弛侯揔之或以爲燕射一侯禮最省故舉之以明餘者亦不爲之耳理亦通之。　百官布而不制　官職脩列不可闕廢不更有造作　鬼神禱而不祀　周書曰大荒有禱無祀　疏　注周書至無祀。○釋曰周書者先儒以爲仲尼刪尙書之餘今據其書與尙書不類未知是與非也　此大侵之禮也

二十有五年春齊崔杼帥師伐我北鄙○夏五月乙亥齊崔杼弑其君光莊公失言淫于

崔氏放言將淫崔氏爲此見弒也邵曰淫過也言莊公言語失漏有過於崔子而崔子弒之故傳載其致弒之由以明崔杼之罪甚○爲此于僞反下爲其同 疏 注放言至罪甚○釋曰失言謂云謂言語失漏有過於崔氏范兩載之者貴異說耳注又云傳載其致弒之由者正謂此傳不更據別文也○公會晉侯宋公衛侯鄭伯曹伯莒子邾子滕子薛伯杞伯小邾子于夷儀○六月壬子鄭公孫舍之帥師入陳○秋八月己巳諸侯同于重丘會夷儀之諸侯也重丘齊地○重直龍反公至自會○衛侯入于夷儀夷儀本邢地衛滅邢而爲衛地○楚屈建帥師滅舒鳩○屈居忽反○冬鄭公孫夏帥師伐陳○夏戶雅反○十有二月吳子謁伐楚門于巢卒以伐楚之事門于

巢卒也所以攻巢之門者爲其伐楚之事故也然則伐楚經巢○子謂左氏作適于巢者外乎楚也若但言伐楚卒而不言于巢者則卒在楚也言于巢則不在楚門于巢乃伐楚也先攻巢然后楚乃可得伐【疏】注先攻巢○釋曰舊解巢楚竟上之小國有表裏之援故先攻之然后楚可得伐以爲楚邑非也徐覬亦云巢偃姓之國是也諸侯不生名取卒之名加之伐楚之上者見以伐楚卒也其見以伐楚卒何也據伐楚惡事無緣致本意○見賢偏反【疏】諸侯不生名○釋曰重發傳者與失國生名異故也古者大國過小邑小邑必飾城而請罪禮也飾城者脩守備請罪問所以爲闕致師之意○守備手又反或如字吳子謂伐楚至巢入其門門人射吳子有矢創反舍而卒古者雖有文事必有武備非巢之不飾城而

請罪非吳子之自輕也非責○射食亦反創初良反

二十有六年春王二月辛卯衛甯喜弒其君剽此不正其日何也殖也立之喜也君之正也父立以爲君則于宜君之以明正也○君剽匹妙反疏此不正其日何○釋曰知剽不正者以元年稱公孫見經故也○衛孫林父入于戚以叛○甲午衛侯衎復歸于衛日歸見知弒也書喜弒君衎可言歸衎實與弒故錄日以見之書日所以知其與弒者言辛卯弒君甲午便歸是待弒而入故得速也○衎苦旦反一本作衎見知賢徧反實與音豫下同疏日歸至弒也○釋曰衎既與弒不言入以惡之者傳例歸爲善復歸則居其兩端故傳復者復中國歸者歸其所今喜既弒君衎可言歸但以與弒故從乎文云復歸書名因以見惡耳不言入以明歸罪于甯喜也○

夏晉侯使荀吳來聘○公會晉人鄭良霄宋

人曹人于澶淵○秋宋公殺其世子座○座在禾反○晉人執衛甯喜○八月壬午許男甯卒于楚宣九年九月辛酉晉侯黑臀卒于扈傳曰其日未踰竟也此乃在楚何以日邪隱三年八月庚辰宋公和卒傳曰日卒正也許男卒于楚則在外已顯日卒明其正○竟音境

疏注宣九至其正○釋曰案薄氏駮云此自發例於大國不明於小國其小國或詳或畧許男書日必正也范荅云春秋稱世子國有非正周之襄王晉之恭子曹伯射姑亦是其例獲且之卒謂于日食之下何以知其不日然則范之此荅據何文得知又周之襄王與恭子何以爲別又薄氏之駮不問射姑而范荅探意大過者案左氏襄王是惠后之子明襄王是嫡也故文八年書八月戊申天王崩恭世子是獻公烝父妾而生僖五年被殺不日故知雖世子仍非嫡也薄氏之意見射姑稱世子而卒不稱日故駮云發例于大國小國自從詳畧故范以射姑非正荅之據陳侯款僖七年寧母之會亦言世子至僖二十八年書卒之上亦不日明稱世子亦有非正也捷菑既貶則獲且是正故知獲且之卒蒙上日食之文可知襄王正恭子不正而亦引以爲例者欲明襄

王正而稱世子中生不正亦稱世子據此言之明有不正而稱世子者○冬楚子蔡侯陳侯伐鄭○葬許靈公

二十有七年春齊侯使慶封來聘○夏叔孫豹會晉趙武楚屈建蔡公孫歸生衛石惡陳孔奐鄭良霄許人曹人于宋○奐呼亂反○衛殺其大夫甯喜稱國以殺罪累上也甯喜弑君其以累上之辭言之何也嘗為大夫與之涉公事矣鄭嗣曰若獻公以喜有弑君之罪而殺之則不宜既入以為大夫而得殺之明以他故○復音扶又反

疏涉公事矣○釋曰舊解國家之事危若涉海以水行為踰也徐邈云涉猶歷也傳織絇邯鄲糜信云絇者著屨舄之頭即周禮絇繶及純是也

甯喜由君弑君而不以弑君之

罪罪之者惡獻公也獻公即衎也鄭嗣曰書甯喜弒其君則喜之罪不嫌不明今若不言喜之無罪而死則獻公之惡不彰○惡獻烏路反○衞侯之弟專出奔晉○專左氏作鱄專喜之徒也專之爲喜之徒何也已雖急納其兄與人之臣謀弒其君是亦弒君者也專其曰弟何也據稱弟則無罪○已音紀專有是信者言君本使專與喜爲約納君許以寵賂今反殺之獻公使專失信故稱弟見獻公之惡也○見賢徧反君賂不入乎喜而殺喜是君不直乎喜也故出奔晉織絇邯鄲終身不言衞恥失信○絇其俱反邯音寒鄲音丹專之去合乎春秋何休曰甯喜本弒君之家獻公過而殺之小負也專以君之小負自絕非大義也何以合乎春秋鄭君釋之曰甯喜雖弒君之家本專與約納獻公爾公由喜得入已與喜以君臣從事矣春秋撥亂重盟約今獻

公背之而殺忠于已者是獻公惡而難親也獻公既惡而難親專又與喜爲黨懼禍將及君子見幾而作不俟終日微子去紂孔子以爲仁上仁專之去衞其心若此合于春秋不亦宜乎○與約如字又於妙反下同爲約于僞反本或作盟約背佩之音

○秋七月辛巳豹及諸侯之大夫盟于宋

湨梁之會諸侯在而不曰諸侯之大夫大夫不臣也晉趙武恥之豹云者恭也諸侯不在而曰諸侯之大夫大夫臣也其臣恭也晉趙武爲之會也不舉姓氏

疏晉趙至會也○釋曰豹云能恭獨言趙武恥之者趙武恥湨梁之會大夫不臣故合師諸侯大夫爲恭故歸功趙武也傳言豹云者據前稱氏後直名也

○冬十有二月乙亥朔日有食之

二十有八年春無冰○夏衞石惡出奔晉○

邾子來朝○朝直遥反○秋八月大雩○仲孫羯如晉○冬齊慶封來奔○十有一月公如楚【疏】公如楚○釋曰書月者何休云危公朝夷狄桀下二十九年公至自楚傳云喜之也則何說是耳○十有二月甲寅天王崩靈王○乙未楚子昭卒

二十有九年春王正月公在楚閔公也閔公爲楚所制故存録○夏五月公至自楚喜之也凱曰遠之蠻國喜得全歸致君者殆其往殆危而喜其反此致君之意義也

【疏】致君至義也○釋曰於此發之者以公遠之荆蠻故傳特發之明中國亦同也○庚午衞侯衎卒○閽弑吳子餘祭閽門者也寺人也不稱名姓閽不得齊於人不稱其君閽不得君

其君也禮君不使無恥不近刑人無恥不知臧否○閽音昏守門人也祭側界反寺人本又作侍人不近附近之近下同否音鄙又方九反不狎敵不邇怨賤人非所貴也貴人非所刑也刑人非所近也舉至賤而加之吳子吳子近刑人也閽弒吳子餘祭仇之也怨仇餘祭故弒之○狎戶甲反怨於願反又於元反仇音求

【疏】閽門至之也○釋曰稟二儀之氣須五常之性備然後爲人閽者虧刑絕嗣無陰陽之會故不復齊於人以主門晨昏開閉謂之閽以是奄豎之屬故又謂之寺人也不狎敵不邇怨者言爲人君之道外不得狎敵內不得近怨何者吳遏以狎敵蒙禍餘祭以邇怨害身故不可狎敵近怨也賤人非所貴謂卑賤之人無高德者不可卒貴貴人非所刑刑謂刑不上大夫故不可刑之刑○非所近也謂刑罪之人不可信近之今吳子以奄人爲閽是近之也舉至賤而加之吳子近刑人也謂經書閽弒吳子餘祭者譏其近刑人也○注怨仇餘祭祭○釋曰閽君不仇匹夫犯罪則誅之故知是閽怨也○仲

孫羯會晉荀盈齊高止宋華定衛世叔儀鄭公孫段曹人莒人邾人滕人薛人小邾人城杞古者天子封諸侯其地足以容其民其民足以滿城以自守也杞危而不能自守故諸侯之大夫相帥以城之此變之正也諸侯微弱政由大夫大夫能同恤災危故曰變之正〔疏〕變之正○釋曰諸侯恤災救危是正今大夫爲之故云變之正也○晉侯使士鞅來聘○杞子來盟杞復稱子蓋時王所黜○復扶又反○吳子使札來聘杜預曰吳子餘祭既遣札聘上國而後死札以六月到魯未聞喪也不稱公子其禮未同於上國○札側八反吳其稱子何也善使延陵季子故進之也身賢賢也使賢亦賢也延陵季子

之賢尊君也以季札之賢吳子得進稱子是尊君也其名成尊於上也春秋賢者不名而札名者許夷狄不一而足唯成吳之尊稱直稱吳則不得有大夫○尊稱尺證反【疏】成尊於上也○釋曰謂進吳稱子上謂君上也○秋七月葬衛獻公○齊高止出奔北燕其曰北燕從史文也南燕姞姓在鄭衛之間北燕姬姓在晉之北史曰北燕據時然故不改也傳所言解時但有言燕者○北燕音烟國名姞其乙反又其吉反【疏】從史文也○釋曰傳言從史文者以時有直言燕者故仲尼從史文也○冬仲孫羯如晉

三十年春王正月楚子使薳罷來聘聘例時此聘月之何也泰曰桓二年宋督弒其君與夷傳曰書王以正與夷之卒然則善有所明皆須王以正之書王必上繫于春下統于月此書王以治蔡般弒父之罪爾非以録薳罷之聘薳罷于委反下音皮與夷如字又音餘宋殤公名○夏四月蔡世子般弒其君固其不日子奪父政是

謂夷之此之夷狄故不日也丁未楚世子商臣弑其父傳日日髡之卒所以謹商臣之弑也楚公子比弑其君傳曰不日比不弑般弑不日而曰夷之何也徐乾曰凡中國君正卒皆書日以錄之夷狄君卒皆不日以略之所以別中國與夷狄夷狄弑君而日者閔其爲惡之甚謹而錄之中國君卒例日不以弑與不弑也至于卒而不日者乃所以略之與夷狄同例○子般音班本或作班髠苦門反以別彼列反疏注比之至同例○釋曰何休廢疾云蔡世子班弑其君固不日謂之夷楚世子商臣弑其君何以反書日邪鄭玄釋之曰商臣弑父日之嫌夷狄無禮罪輕也今蔡中國而又弑父故不日之若夷狄不足責然公羊有若不疾乃疾之推以況此則無怪然此注之意與鄭君釋廢疾大旨同也但解商臣之弑書日少異耳何者鄭云嫌夷狄無禮罪輕故日徐乾云閔其爲惡之甚故日是少異也昭十九年夏五月戊辰許世子止弑其君買傳云日弑正卒也與此異者彼以實不弑君而書日故與此異也○五月甲午宋災伯姬卒取卒之日加之災上者見以災卒也其見以災卒奈何伯姬之舍失火左

右曰夫人少辟火乎伯姬曰婦人之義傅母不在宵不下堂宵夜○見以賢徧反辟音避下同左右又曰夫人少辟火乎伯姬曰婦人之義保母不在宵不下堂遂逮乎火而死婦人以貞爲行者也伯姬之婦道盡矣詳其事賢伯姬也○逮音代又大計反行下孟反（疏）取卒至姬也○釋曰外災例時今伯姬之卒故進日在上以明災死也伯姬之婦道盡矣爲共公卒雖日久姬能守災死之貞謂之婦道盡矣○天王殺其弟佞夫傳曰諸侯目不首惡況於天子乎君無忍親之義天子諸侯所親者唯長子母弟耳天王殺其弟佞夫甚之也○長丁丈反（疏）況於天子乎○釋曰嫌天子之殺弟異於諸侯故以輕況重舉

重以明輕見輕重之道並見矣○王子瑕奔晉不言出周無外○秋七月叔弓如宋葬共姬共姬從夫之謚○共音恭外夫人不書葬此其言葬何也吾女也卒災故隱而葬之也（疏）外夫至葬之也○釋曰外夫人卒亦不書而云不書葬者傳云外夫人不葬者謂魯女嫁於諸侯者唯當書卒不合稱葬非謂不是魯女也○鄭良霄出奔許自許入于鄭鄭人殺良霄不言大夫惡之也○惡烏路反（疏）不言至之也○釋曰襄二十一年晉人殺欒盈傳曰惡之弗有也彼云不有則此亦然也重發傳者嫌與復入異故也○冬十月葬蔡景公不日卒而月葬不葬者也卒而葬之不忍使父失民於子也鄭嗣曰夫葬者臣子之事也景公無子不可謂無民無民則景公有失於民有民則罪歸於子若不書葬則嫌亦失民故曰不忍使父失民於子（疏）曰

至子也○釋曰成十五年秋八月庚辰葬宋共公傳曰月卒日葬。者也此云不日卒而月葬不葬者也重發傳而文又異者傳例諸侯日卒時葬正也明違此即非正故兩文以明之又解一弒一卒經文有日月之殊故重發傳而文異日月有殊者宋共則日葬景公則月葬是殊也宋襄失民不葬此失民書葬者此即是於失子非失民若實失民則直稱人以弒以弒傳曰不忍使父失民於子也是非失民可知傳云不忍使父失民於子者言若不書葬則與失民同故云然也○

晉人齊人宋人衛人鄭人曹人莒人邾人滕人薛人杞人小邾人會于澶淵宋災故會不言其所爲其曰宋災故何也不言災故則無以見其善也其曰人何也救災以衆何救焉更宋之所喪財也償其所喪財故雖不及災時而猶曰救災○所爲于僞反以見賢偏反更音庚償也喪息浪反償時亮反【疏】晉人至財也○釋曰公羊傳云卿則其稱人何貶也曷爲貶卿不得憂諸

侯也左氏以爲不歸宋財故貶此傳云其曰人何救災以衆是三傳異也或當此會趙武亦在但取救災以衆故不顯名也

澶淵之會中國不侵伐夷狄夷狄不入中國無侵伐八年善之也晉趙武楚屈建之力也

〔疏〕無侵伐八年○釋曰徐邈云晉趙武楚屈建感伯姬之節故爲之息兵其意以爲諸侯閔伯姬之賢故歸宋財爲澶淵之會此不相侵伐連會言之故知爲伯姬也范氏不解理未必然言感伯姬歸宋財事亦可矣豈以一婦人之貞國則息兵八載人情測之必是未可又且傳稱趙武屈建之力則無侵伐不由伯姬明矣若然則此會不書楚人則無楚屈建若據此後言之昭元年即楚靈王即位不得云無侵伐八年若據二十六年澶淵之會言之何知彼有趙武屈建唯二十七年見經而云屈建之力者案左氏晉趙武以二十五年爲政二十六年澶淵之會晉人列在鄭卿之上明是趙武但恥溴梁不臣故屈於澶淵也其實晉人者趙武是爲政起於二十五年再會澶淵一會宋又昭元年會于虢而中國以安屈建雖一會于宋外與夷狄是屈建之功傳恐連公子圍之事故以屈建别之故左氏云相晉國於今八年亦從二十

五年數至昭元年也傳連此澶淵會言之者以諸侯靜兵由趙武功力此歸宋財亦是趙武爲之以其息師故得憂災恤患是以連言之耳

三十有一年春王正月○夏六月辛巳公薨于楚宮楚宮非正也楚宮別宮名非路寢○秋九月癸巳子野卒襄公太子○大音泰子卒日正也疏子卒日正也解云未踰年之君弒死不日文十八年子卒是也莊三十二年子般卒書日者以有所見故也今子野正卒書日嫌與子般同故傳發之以明昭公之繼正也○己亥仲孫羯卒○冬十月滕子來會葬書非禮○癸酉葬我君襄公○十有一月莒人弒其君密州

監本附音春秋穀梁注疏襄公卷十六

長塘鮑氏宣旬校定

穀梁注疏卷十六挍勘記　　阮元撰盧宣旬摘録

十有六年

晉人至以歸　閩監本同毛本人下衍執字

叔孫豹如晉　石經閩本同監毛本晉誤齊

十有七年

圍桃齊高厚帥師伐我北鄙　閩監毛本同余本脱此十一字

宋華臣出奔陳　閩監本同毛本奔作犇非

十有八年

故重明之　閩監毛本同何挍本明作發

非大而足同焉　閩監毛本同石經余本焉作與案釋文出同與是陸所據本亦作與作焉者非

病猶罪惡也　閩本同監毛本猶誤所

十有九年

京城北之類是　閩本同監毛本京誤毫

君子不求備於一人　十行本下空三字閩本同監毛本不空

二十年

弟兄不得以屬通　石經閩監毛本同余本弟兄作兄弟

二十有一年

公至自晉　石經閩本同監毛本晉誤會

今麻有無頒食之理　閩本同監毛本有無作無有何校本有作法

二十有二年

辛酉叔老卒　十行本辛酉二字誤作注閩監毛本不誤○今依訂正

二十有四年

有死曰大餓无死曰饑　單疏本監毛本死下有者字閩本无作無監毛同餓饑字倒○按公羊注作有死傷曰大饑無死傷曰饑

塈塗飾　閩監毛本同何校本下塗作塈釋文出塈飾

理亦通之　閩本同監毛本無之字

二十有六年

故録日以見之書日　閩監本同毛本日誤曰余本無以見之書日五字

國有非正　閩監毛本同何校本國作固

故知雖世子　閩本同監毛本雖誤非

恭子不正　閩本同監毛本恭誤公

二十有七年

若獻入以喜有弒君之罪　閩監毛本同余本入作公

而得殺之　閩監毛本同何挍本得作復案釋文出而復作復是

納君許以寵賂　閩本同監毛本納作約

孔子以爲上仁　閩監毛本上作三是也

不舉姓氏　閩監毛本同余本姓氏作氏姓

故合師諸侯大夫爲恭　閩監毛本師作帥何挍本合作今

二十有九年

刑非所近也　閩本同監毛本作刑人非所近

今吳子以奄八爲閽　閩監毛本吳作吾蓋音相近而譌

解時但有言燕者　閩監毛本同余本燕下有有字

三十年

然則善有所明　閩監毛本同余本善作義

大肯同也　閩本同監毛本肯作致

許世子止弑其君罪　閩監本罪作買是毛本誤買

姬能守災死之貞　閩監毛本同何校本災死作夫在

諸侯目不首惡　閩本同誤監毛本目作且○按石經亦作且

襄二十一年　閩監毛本同何校本一作三是也

月卒日葬者也　閩監毛本同何校本葬下有非葬二字與成十五年傳合

此云不日卒而月葬　閩毛本同監本不誤一

三十有一年

襄公太子　閩本同監毛本太作大案大是

文十八年　閩本同監毛本脱十字

莊三十二年　閩本同監毛本莊誤襄

穀梁注疏卷十六校勘記終

寧都李楨校

監本春秋穀梁注疏昭公卷第十七 起元年盡十二年

范甯集解　楊士勛疏

昭公〔疏〕魯世家昭公名稠襄公之子以周景王四年即位謚法容儀恭明曰昭

元年春王正月公即位繼正即位正也〔疏〕繼正即位正也○釋曰重發傳者嫌繼子野非正故明之○叔孫豹會晉趙武楚公子圍齊國弱宋向戌衛齊惡陳公子招蔡公孫歸生鄭罕虎許人曹人于郭郭左氏作虢○招上昭反○二月取鄆鄆魯邑言取者叛戾不服○鄆音運〔疏〕注鄆魯至不服○釋曰案左氏鄆爲莒邑范知魯邑者以經有城諸及鄆之文此鄆不繼莒故知魯邑也公羊傳曰鄆者何内之邑也其言取何不聽也何休云不聽者叛也是范所據之文也○夏秦伯之弟鍼出奔晉諸侯之尊

弟兄不得以屬通其弟云者親之也親而奔之惡也○鍼其廉反惡烏路反〔疏〕親而奔之惡也○釋曰重發傳者陳侯之弟稱歸爲無罪此鍼後無歸文則罪之輕重既不可知故傳云親而奔之惡也明與陳光同耳○六月丁巳邾子華卒○晉荀吳帥師敗狄于大原大原地○大音泰傳曰中國曰大原夷狄曰大鹵號從中國名從主人襄五年注詳矣○鹵力古反〔疏〕注襄五至詳矣○釋曰桓二年亦有文而註言襄五年者桓二年論部鼎之事襄五年則同論地事故注指之○秋莒去疾自齊入于莒莒展出奔吳〔疏〕莒展出奔吳○釋曰展篡踰年不稱爵者徐邈云不爲內外所與也不成君故但書名理或然焉○叔弓帥師疆鄆田疆之爲言猶竟也爲之境界○去起呂反竟音境〔疏〕叔弓至鄆田○釋曰鄆是魯邑所以帥師者公羊以爲與莒接

竟故帥師是畏莒故以師正其界○葬邾悼公○冬十有一月己酉楚子卷卒○卷音權左氏作麇○楚公子比出奔晉

二年春晉侯使韓起來聘○夏叔弓如晉○秋鄭殺其大夫公孫黑○冬公如晉至河乃復乃者亡乎人之辭公弱劣受制彊臣刺恥如晉故著有疾也公凡四如晉季氏訴公于晉侯使不見公公懼不利于已故公托至河有疾而反以殺恥也十二年傳曰季氏不使遂乎晉與此傳互文以見義然則十三年二十一年如晉與此義同二十三年經曰至河有疾乃復是微有疾而反嫌與上四如晉同故明之○見去聲〔疏〕恥如至疾也○釋曰案公之乃復凡有五文惟二十三年經云至河有疾乃復自餘四者皆不云有疾而傳曰著有疾者公爲季氏所訴恥四如晉不入故皆書曰乃復者即是託有疾之辭非實疾也故傳云恥如晉故著有疾也二十三年實有疾而復故經言有疾而別之○注公凡四如晉○釋曰此文一也十二年二也十三年

三也，二十一年四也，二十三年經云有疾，故不數之耳。○季孫宿如晉。公如晉而不得入，季孫宿如晉而得入，惡季孫宿也。明晉之不見公，季孫宿之所爲。○惡，烏路反。〔疏〕惡季孫宿也。○釋曰：惡季孫宿，十二年又發傳云季孫不使遂乎晉者，季孫宿以七年卒，十二年譖君者意如，見其罪世同惡，故傳重明之。若然，十三年乃復者，意如見執之下，意如身尚被執，安得謂之譖公者？彼公不盟，亦坐意如，意如先以譖公，被執之日又自雪無罪，晉人聽其言而不受公，故經言乃復之文與十二年同，明亦是意如譖公可知也。

三年春王正月丁未，滕子原卒。○夏，叔弓如滕。○五月，葬滕成公。〔疏〕夏叔至成公。○釋曰：何休云月者，上葬襄公，諸侯莫肯加禮，獨滕子來會葬，故恩錄之。穀梁以月葬爲故，必不得從何說，或當有故，但經傳不言耳。○秋，小邾子來朝。○朝，直遥反。○八月，大雩。○冬，大雨雹。○雨，于付反。雹，皮學反。

反○北燕伯款出奔齊其曰北燕從史文也疏從史文也○釋曰重發傳者前高止之奔欲明從史文今北燕伯出奔亦曰北燕伯嫌目名之故重曰從史文舉此二者以明例故於後不釋

四年春王正月大雨雪雪或爲雹○雨雪于付反左氏作雨雹疏注雪或爲雹○釋曰左氏爲雹故范疑之云或爲雹也○夏楚子蔡侯陳侯鄭伯許男徐子滕子頓子胡子沈子小邾子宋世子佐淮夷會于申楚靈王始會諸侯也○沈音審楚人執徐子稱人以執執有罪疏楚人執徐子○釋曰僖二十一年執宋公不言楚此云楚人執徐子者彼欲見諸侯同執且不與夷狄執中國故不言楚人此時楚彊徐又夷也故云楚執不言歸者蓋在會而執尋亦釋之故不言所歸也○

秋七月楚子蔡侯陳侯許男頓子胡子沈子

淮夷伐吳衆國之君傾衆悉力以伐疆敵內外之害重故謹而月之定四年伐楚亦月此其例也○

疏注衆國至例也○釋曰舊解凡日月之例多施於內不止於外而云謹而月之者以四夷之盛吳楚最甚從此以後中國微弱禍害既重書亦宜詳故注并引定四年三月公會劉子以下于召陵侵楚爲證猶莊六年子突王者之師挫於諸侯僖十五年齊桓霸者之兵屈於伐厲故亦書月是其義也徐邈云伐不月而書月者爲滅厲書理亦通也內外之害者內謂吳外謂衆國也

執齊慶封殺之此入而殺其不言入何也慶封封乎吳鍾離言時殺慶封自于鍾離實不入吳其不言伐鍾離何也不與吳封也慶封其以齊氏何也據已絕于齊爲齊討也靈王使人以慶封令於軍中曰有若齊慶封弒其君者乎謂與崔杼共弒莊公光○爲于僞反慶封曰子一息我亦且一言曰有若楚

公子圍弑其兄之子而代之爲君者乎軍人粲然皆笑粲然盛笑貌○粲七旦反（疏）弑其兄之子○釋曰元年楚子卷卒不云弑此云弑者彼爲密弑之託以疾卒楚無良史告以不實故春秋從而書之傳因慶封之對以起其事則簒之罪亦足以見也慶封弑其君而不以弑君之罪罪之者慶封不爲靈王服也不與楚討也傳例曰稱人以殺大夫爲殺有罪今殺慶封經不稱人故曰不以弑君之罪罪之○爲于僞反春秋之義用貴治賤用賢治不肖不以亂治亂也孔子曰懷惡而討雖死不服其斯之謂與○與音餘（疏）孔子曰至謂與○釋曰上云春秋之義足以見罪人稱孔子曰者靈王夷狄之君欲行霸者之事嫌於得善故引春秋以明之後言孔子以正之遂滅厲遂繼事也○九月取繒（疏）九月取繒○釋曰襄六年莒人滅繒

今又云取者彼以立莒之公子爲後故以滅言之其實非滅故今魯得取之不云滅而云取者徐邈云諱故以易言之事或然矣○冬十有二月乙卯叔孫豹卒

五年春王正月舍中軍貴復正也魯次國舊二軍襄十一年立三軍今毁之故曰復正。○舍音捨○楚殺其大夫屈申○屈居勿反○公如晉○夏莒牟夷以牟婁及防茲來奔以者不以者也來奔者不言出以其方向內也及防茲以大及小也莒無大夫其曰牟夷何也以其地來也以地來則何以書也重地也竊地之罪重故不得不錄其人

疏以者至地也○釋曰重發傳者庶其以邑來而不言及此以邑來言及黑肱則不繫濫故各發傳也此傳獨言重地者舉其中以包上下也

○秋七月公至自晉○戊辰叔

弓帥師敗莒師于蕡泉蕡泉魯地○蕡泉扶粉反左氏作蚡泉狄人謂蕡泉失台。號從中國名從主人○台湯來反○秦伯卒疏秦伯卒○釋曰左氏以爲同盟則名同盟而不名皆從赴公羊以爲秦伯不名者秦夷也匿嫡之名其意云嫡子生不以名告國中唯擇勇猛者而立之又云秦伯罃及稻名者嫡子故得名之言獨二人以嫡得立也此傳云隱七年滕侯卒云無名狄道也則此秦伯不名者以用狄道也又隱八年宿男卒注曰宿微國也未能同盟故男卒也據彼則是未同盟者則不赴以名案秦之諸君卒經或名或不名則是非用狄道蓋同左氏未同盟故不名也徐邈云秦伯不名用狄道也恐非耳○冬楚子蔡侯陳侯許男頓子沈子徐人越人伐吳

六年春王正月杞伯益姑卒疏杞伯益姑卒○釋曰不日卒者蓋非正也○葬秦景公○夏季孫宿如晉○葬杞文

公○宋華合比出奔衞○比必里反又毗志反○秋九月大雩○冬遂罷師師伐吳○冬叔弓如楚○齊侯伐北燕

七年春王正月暨齊平○暨其器反 平者成也暨猶暨暨也暨者不得已也以外及內曰暨（疏）平者成也○釋曰舊解平者善事也當同以爲之而不得已而爲之是亂道也故釋之爲成言成亂之辭耳或當成平義通故展轉爲訓○三月公如楚○叔孫婼如齊莅盟○婼丑略反莅音利又音類 莅位也內之前定之辭謂之莅外之前定之辭謂之來（疏）莅位也○釋曰重發傳者嫌公如楚恐婼非是君命故發明之婼亦受命也○夏四月甲辰朔日有食之○秋八月戊

辰衛侯惡卒鄉曰衛齊侯在元年。○鄉，香亮反，本亦作鄉。八年同。今曰衛侯惡，此何爲君臣同名也？君子不奪人名，不奪人親之所名，重其所以來也。王父名子也。不奪人名，謂親之所名。明臣雖欲改，君不當聽也。君不聽臣易名者，欲使重父命也。父受命名于王父，王父卒，則聽王父之命名之。

【疏】王父名子也。○釋曰：傳言王父則祖也。范云欲使人重父命也者，父受名於王父，王父卒則已命子，故傳、注兩言之。其並存者則不諱，若卒哭而後，無容得斥君名，蓋捨名而稱字耳。

○九月，公至自楚。○冬十有一月癸未，季孫宿卒。○十有二月癸亥，葬衛襄公。

八年春，陳侯之弟招殺陳世子偃師。鄉曰陳公子招在元年。今曰陳侯之弟招，何也？曰：盡其親所以惡招也盡其親謂既稱公子又稱弟招先君之公子今君之母弟○惡烏路反疏盡其親○釋曰盡其親者招前稱公子明有先君之親今變文言弟彰是今君之親二稱並見故云盡其親也然昭元年稱公子不關殺假師而亦言之者以變公子之文而稱弟故二者并言之也十三年殺公子比不言楚比云陳世子者體國重故繫國言之公子繫君故不繫國也若然下云殺陳孔奐繫陳者楚人殺他國之臣故繫國兩下相殺不志乎春秋此其志何也世子云者唯君之貳也云可以重之存焉志之也諸侯之尊兄弟不得以屬通其弟云者親之也親而殺之惡也惡招疏注惡招○釋曰此稱弟惡招光稱弟惡陳侯者光有歸文見經明知光無罪今招親殺世子故知稱弟以惡招也○夏四月辛丑陳侯溺卒○溺乃歷反○叔弓如晉○楚人執陳行人干徵師殺之下姓

徵師名稱人以執大夫執有罪也稱行人怨接於上也。陳公子留出奔鄭疏稱人至上也○釋曰重發傳者嫌楚殺爲甚恐其無罪故重發傳以同之○秋蒐于紅紅魯地○蒐所求反紅戶公反疏秋蒐于紅○釋曰傳云正也而經書者范氏例云蒐狩書時其例有九書狩有四言蒐有五稱狩者四者桓四年狩于郎一也莊四年狩于郜二也僖二十八年狩于河陽三也哀十四年西狩獲麟四也蒐有五者此蒐于紅一也十一年大蒐于比蒲二也二十二年大蒐于昌間三也定十三年大蒐于比蒲四也定十四年又大蒐于比蒲五也范又云凡書者皆譏也昭八年秋蒐于紅傳云正也而書之者明比年大蒐失禮故因以此正見不正也是范意將秋蒐得禮欲見以正刺不正故書之范例又云器械皆常故不云大言大者則器械過常狩言公此不云公者狩則主爲游戲故言公蒐是國家常禮故例不言公也然則蒐狩書者皆譏而傳云因蒐狩以習用武事禮之大者也據得禮者言之范云比年失禮謂器械過常又失時是也正也常事不書而此書者以後比年大蒐失禮因此以見正○見賢遍反因蒐狩以習用武事禮之大者也艾蘭以爲防蘭香草也防爲田之大限○狩手又反艾魚廢反置旃以爲轅門旃旌旗之名周禮通帛旃轅門卬車以其轅表門○旃之然反卬車五郎反一音仰本又作昂以葛覆質以爲槷質椹也槷門中臬葛武爲褐○槷魚列反門橛也椹張林反臬魚列反橛也褐戶葛反毛布也流旁握御轚者不得入流旁握謂車兩轊頭各去門邊空握握四寸也轚挂則不得入門○轚古帝反挂也劉兆云絓也本或作擊轉音衞一音徐歲反車軸頭也挂戶卦反又音卦礙也車軌塵塵不出轍馬候蹄發足相應遲疾相投○蹄徒兮反馬足也相應應對之應揜禽旅揜取衆禽○揜於撿反本亦作俺御者不失其馳然後射者能中不失馳騁之節○中丁仲反下皆同過防弗逐不從奔之道也戰不逐奔之義面傷不獻嫌誅降○降戶江反不成禽不獻惡虐幼小○惡烏路反年未傳及注皆同少詩召反禽雖多

天子取三十焉其餘與士衆以習射於射宮取三十以共乾豆賓客之庖射宮澤宮○共音恭庖步交反射而中田不得禽則得禽田得禽而射不中則不得禽是以知古之貴仁義而賤勇力也射以不爭爲仁揖讓爲義○爭爭鬬之爭

〔疏〕艾蘭至力也○釋曰蘭是草之貴者地之希有之物而云艾蘭爲防者廣澤之內與衆同生艾之爲防則並蘭同剪故舉以包之置旃以爲轅門謂以車爲營舉轅爲門又建旃以表之故云置旃以爲轅門以葛覆質以爲槷質者中門之木椹謂恐木椹傷馬足故以葛草覆之以爲槷葛或爲褐者謂之毛布覆之徐邈亦云恐傷馬足故以毛布覆之毛詩傳云褐纏旃以爲門裘纏質以爲槷與此異也流旁握御擊者不得入徐邈云流至也門之廣狹足令車過至車兩軸去門之旁邊一握握四寸也擊者不得入擊謂挂著若車挂著門則不使得入以恥其御拙也觀范之注似與徐邈同或以爲流旁握者謂建旃表門之旒旁去車之兩軸各一握也古字同通故傳作流埋亦通也但與注少僻耳范注兩軸頭本或作轉者兩

轄兩軸止是一物故鄭玄注少儀亦以軸爲轄也車軌塵謂驅車塵不出軌轍馬候蹄舊解四蹄皆發後足躡前足而相伺候與范注亦合耳揜禽旅旅衆也謂掩取衆禽然禮云不掩羣者謂不得不分別大小一羣盡取之今雖掩衆禽在田則簡其麛卵之流而放之射訖則釋其面傷之徒不獻之以習軍禮則亦不掩羣之義也○古之貴仁義者謂田獵之時務在得禽不升降是勇力也射宮之內有揖讓周旋是仁義也田雖不得禽射中則得禽是貴仁義而賤勇力也舊解以爲射宮之內還射死禽中則取之故以重傷爲難論語稱射不主皮則射皮不射禽也

○陳人殺其大夫公子過。○過音戈

○大雩○冬十月壬午楚師滅陳執陳公子招放之于越殺陳孔奐惡楚子也

惡其滅人之國放有罪之人反殺無辜之臣故實是楚子而言師

【疏】惡楚子也○釋曰惡之者謂滅人之國又招有罪而放之奐無辜反殺之有三事之惡故貶而稱師也傳知是楚子者以九年經叔弓會楚子於陳知滅陳亦是楚子但爲惡之故貶稱師也不貶稱人而言師者以楚恃彊滅國著其用大衆故云師若貶之稱人嫌

是賤者故不言人矣○葬陳哀公不與楚滅閔公也滅國不葬閔楚夷狄以無道滅之故書葬以存陳〔疏〕滅國○釋曰滅國不葬今書葬者以楚夷狄無道滅人閔陳之滅故書葬以存之

九年春叔弓會楚子于陳○許遷于夷以自遷爲文而地者許復見也夷許地徐邈曰許十八年又遷于白羽許比遷徙所都無常居處薄淺如一邑之移故畧爾不月不得從國遷常例○復扶又反見賢遍反〔疏〕注故略而不月○釋曰僖元年夏六月邢遷于夷儀三十一年十二月衛遷于帝丘皆書月而許遷不月故知是畧也○夏四月陳火火左氏作災國曰災邑曰火火不志此何以志閔陳而存之也陳已滅矣猶書火者不與楚滅也不可以方全國故不云災何休曰月者閔之〔疏〕國曰災至存之也○釋曰傳言火不志則是無例而云國曰災邑曰火者火不合志志者皆義有所見此書者以見不與楚滅義在存陳也陳

滅不可以比全國故以邑録之既以邑録之則不得與國同文國邑文既不同傳宜顯變例故云國曰災邑曰火○

秋仲孫玃如齊○玃俱縛反○冬築郎囿○囿音又舊于目反苑也

十年春王正月○夏齊欒施來奔○秋七月季孫意如叔弓仲孫玃帥師伐莒○戊子晉侯彪卒○彪彼虬反○九月叔孫婼如晉月者爲下葬晉平公起○爲于僞反○葬晉平公○十有二月甲子宋公成卒不書冬甯所未詳○成音城

（疏）十有至成卒○釋曰何休云去冬者蓋昭娶吳孟子之年故貶之范既不注或是闕文也

十有一年春王二月叔弓如宋○葬宋平公晉獻公以殺世子申生故不書葬宋平公殺世子座而書葬何乎何休曰座有罪故也座之罪甯所未聞鄭莊公殺弟而

書葬以段不弟也何氏將以理例推之然則段不弟也故不書弟痤若不子亦不應書世子書世子則痤之罪非不子明矣○痤在禾反不弟大帝反又如字下不弟同 疏 注晉獻至明矣○釋曰晉獻公殺世子申生故不書葬痤若無不子之行而平公殺之所以書葬者申生賢孝遇讒而死故黜獻公之葬痤雖無不子之文微有小罪故不黜宋公之葬若然范云甯所未聞者不直取何休之説故云未聞范以與何説異者何休意直謂痤有罪如鄭段之比故平公書葬不論罪之輕重范意以鄭段至逆經不言弟痤若不子亦不應云世子既云世子明無至逆故不從何説而云未聞今以罪輕重解之與何休異○夏四月丁巳楚子虔誘蔡侯般殺之于申何爲名之也 據諸侯不生名○虔其然反或作乾侯般音班 疏 注據諸侯不生名○釋曰十六年楚子誘戎蠻子殺之不名所以不據之以明於例而揔云諸侯不生名者以傳於鄭伯髡原之卒亦言諸侯不生名者又恐華戎異例故注以廣問衆例言之 夷狄之君誘中國之君而殺之故謹而名之也稱時稱月稱日

稱地謹之也蔡侯般弑父之賊此人倫之所不容王誅之所必加禮凡在官者殺無赦豈得惡楚子殺般乎若謂夷狄之君不得行禮于中國者理既不通事又不然宣十一年楚人殺陳夏徵書不言人傳曰明楚之討有罪也似若上下違反不兩立之說嘗試論之曰夫罰不及嗣先王之令典懷惡而討丈夫之醜行楚虔滅人之國殺人之子伐不以罪亦已明矣莊王之討徵舒則異於是矣凡罰當其理雖夷必申苟違斯道雖華必抑故莊王得爲伯討齊侯不得滅紀趙盾救陳則稱師以大之靈王誘蔡則書名以惡之所以情理俱暢善惡兩顯豈直惡夷狄之君討中國之亂哉夫楚靈王之殺蔡般亦猶晉惠之戮里克雖伐弑逆之國誅有罪之人不獲討賊之美而有累謹之名者良有以也○得惡烏路反下以惡之豈直惡同陳夏戶雅反醜行下孟反罰當丁浪反又如字趙盾徒本反有累力僞反

疏夷狄之至謹之也○釋曰注凡罰當其理雖夷必申苟違斯道雖華必抑似華討罪事同傳云夷狄之君誘中國之君而殺之故謹而名之又似華戎事異者據此傳意就討不以罪之內則華夷不同注意言但罰當其理者則華夷不異知然者傳以春秋書誘有二皆楚子所爲其罪或名或不名據此二文詳略知誘中國君與夷狄君異也注故莊王得爲伯討

齊侯不得滅紀明討得其罪者則華夷不異可知也○注蔡侯至以也○釋曰殺父者謂襄三十年蔡世子般弒其君故是也禮凡在官者殺無赦禮記檀弓文兩立之說謂兩理皆立之說所以謂之兩理者楚殺徵舒則傳云討有罪楚殺蔡般則傳云夷狄有中國之君故名之同論楚討二者意異故云兩理也又解兩立之說謂兩事立說或以爲不字下讀云不兩立之說謂事不得兩立恐非也又云伐弑逆之國謂蔡也誅有罪之人謂里克也而有累謹之名者晉殺其大夫里克傳云稱國以殺罪累上也是謂晉惠也楚子誘蔡侯傳曰謹而名之是謂楚靈也○楚公子棄疾帥師圍蔡○五月甲申夫人歸氏薨昭公母胡女歸姓○大蒐于比蒲夏而言蒐蓋用秋蒐之禮八年秋蒐于紅傳曰正也比月大蒐人衆器械有踰常禮時有小君之喪不譏喪蒐者重守國之衛安不忘危○比音毗械戸戒反〔疏〕注夏而至忘危○釋曰傳稱夏曰苗秋曰蒐今五月大蒐自是用秋蒐之禮而云蓋者以傳無文解故云蓋以示疑也注又引傳曰正也今以失時之蒐故引正以譏不正也○仲孫貜會邾子盟于祲祥祲祥地也○祲

子嬀反○秋，季孫意如會晉韓起、齊國弱、宋華亥、衛北宮佗、鄭罕虎、曹人、杞人于厥憖。厥憖，地也。○佗大何反。憖，魚靳反，又五轄反。○九月己亥，葬我小君齊歸。齊，謚。○

冬，十有一月丁酉，楚師滅蔡，執蔡世子友以歸，用之。僖十九年，邾人執繒子用之，傳曰：用之者，叩其鼻以衈血。惡之，故謹而日之。○叩音口。衈音二。惡，烏路反，下文及注同。〔疏〕注故謹而日之○釋曰：傳例滅中國日，則此者滅國書日，傳例以明用人書日，其文未顯，注嫌用之不得蒙日，故特言之。其實二者皆當日。又檢經上下執例，日則書日爲惡，故云謹而日之也。左氏以爲用之殺蔡世子祭岡山，公羊以爲用之築城，今范引僖十九年傳，則用之祭社也。○

此子也，諸侯在喪稱子。其曰世子何也？不與楚殺也。一事注乎志，所以惡楚子也。一事輒注而志之也。何休曰：即不與楚殺，當貶楚爾何故反貶蔡稱世子邪鄭君釋之曰滅蔡者楚子也而稱師圍已貶矣楚子思啓封疆而貪蔡誘殺蔡侯般冬而滅蔡殺友惡其淫放其志殺○國二君以取其國故變子言世子使若不得其君終【疏】此子至子也○釋曰世子父沒仍得稱世子毋弟兄死而不得稱弟者世子繼體之名父雖没没若意有所見則亦得稱之毋弟者對兄没則寵名棄矣故不得稱弟○注滅蔡者楚子○釋曰經稱公子棄疾帥師圍蔡鄭知是楚子者以棄疾若貶當云楚人今貶而稱師故知楚子也又傳云惡楚子也明非棄疾然則惡楚子變文云世子者以楚四年之中滅兩國殺二君自謂得志若遂其凶暴是表中國之衰申夷狄之彊故抑之使若不得其君故云世子也

十有二年春齊高偃帥師納北燕伯于陽三年所弁齊者高傒玄孫齊大夫也陽燕別邑不言于燕未得國都也納者內不受也燕伯之不名何也據義不可受則應名而絕之【疏】傳燕伯之不名何也○釋曰楚人圍陳納頓子傳曰納者何內弗受也彼稱納而不名衛侯入于夷儀亦不書名則不書名乃是常事而傳怪燕伯不名者衞

侯朔入于衞傳曰朔之名惡也則諸侯有惡出入皆名北燕伯亦出入宜名但不以高偃挈之故直書名而已頓子不名者爲楚微者所納故亦不名衞侯入于夷儀不名者以復歸有名故未入國畧而不名也鄭伯突亦未入國書名者以後不書復歸故入櫟書名也**不以高偃挈燕伯也**邵曰公子遂以去公子爲挈燕伯以晉名爲挈者臣宜書名故須去公子乃爲挈君不可名而以臣名君者不待去燕伯則爲挈也是以日燕伯而不書名所以不與高偃挈之○挈苦結反以去起呂反

○三月壬申鄭伯嘉卒○夏宋公使華定來聘○公如晉至河乃復季孫氏不使遂乎晉也〔疏〕季孫氏○釋曰不言意如而云氏者欲見累世譖公故也

○五月葬鄭簡公○楚殺其大夫成虎○秋七月○冬十月公子憖出奔齊○憖魚覲反

○楚子伐徐○晉伐鮮虞其曰晉狄之也其

狄之何也不正其與夷狄交伐中國故狄稱之也鮮虞姬姓白狄也地居中山故曰中國夷狄謂楚也何休曰春秋多與夷狄並伐何以不狄也鄭君釋之曰晉不見因會以緩諸夏而伐同姓貶之可也狄之大重晉爲厥慭之會實謀救蔡以八國之師而不救楚終滅蔡今又伐徐晉不糾合諸侯以遂前志舍而伐鮮虞是楚而不如也故狄稱之焉厥慭之會穀梁無傳鄭君之說似依左氏甯所未詳是穀梁意非○見賢偏反諸夏戶雅反舍音捨【疏】夷狄交伐○釋曰麋信云夷狄交伐謂楚伐徐晉伐鮮虞是也范云夷狄謂楚也則與麋信不異耳○注鮮虞至意非○釋曰鮮虞姬姓白狄也者世本文也云甯所未詳是穀梁意非者疑鄭以厥慭之會謀救蔡者作穀梁意也若然范荅薄氏亦言楚滅陳蔡而晉不能救棄盟背好交相伐攻者范意以楚滅陳蔡晉不能救者不據厥慭之會故也

十有三年春叔弓帥師圍費。費音祕○夏四月楚公子比自晉歸于楚弑其君虔于乾溪乾溪楚地

○溪苦〔疏〕于乾溪○釋曰左氏以爲田獵于乾溪公羊以
溪反　爲作乾溪臺三年不成范云乾溪楚地則從左
氏也**自晉晉有奉焉爾歸而弑不言歸言歸非**
弑也傳例曰歸爲善自某歸次之然則
弑君不得言歸比不弑之一驗也〔疏〕自晉至焉爾
○釋曰重發
傳者楚比之歸歸實非弑
嫌自亦非晉力故復明之**歸一事也弑一事也而遂**
言之以比之歸弑比不弑也歸弑其事各異自宜
別書之而今連言之
是比之歸遇君弑爾
比不弑之二驗也〔疏〕注自宜別書之○釋曰齊小白入
于齊齊人取子糾殺之齊陽生入
于齊齊陳乞弑其君荼彼各
異書明知此亦宜別書之**弑君者日不日比不弑**
也據文元年丁未楚世子商臣弑其君髡日〔疏〕弑君者
此不日比不弑之三驗也○髡苦門反　○釋曰
弑君日不辨嫡庶者中國死者正則日不正不日是楚不關
中國之例故范注引商臣爲證也當上之辭也者謂不稱人
以殺而云公子棄疾殺公子
比如王札子殺召伯毛伯也○**楚公子棄疾殺公子**

比當上之辭也當上之辭者謂不稱人以殺乃以君殺之也稱人以殺謂若衞人殺祝吁于濮是也今比實不弒故以君殺大夫之辭言之○吁香于反濮音卜討賊以當上之辭殺非弒也實有弒君之罪則人人皆欲殺宜稱人以殺之今言楚公子棄疾殺公子比明棄疾所殺非弒君之人比之不弒四驗也比之不弒有四上四事取國者稱國以弒若比欲取國而殺。君者當直云楚比弒其君虔不應言公子也若衞祝吁弒其君完齊無知弒其君諸兒之類是也楚公子棄疾殺公子比比不嫌也今棄疾殺之又言殺公子比不言弒其君是比無欲爲君之嫌春秋不以嫌代嫌不以亂治亂之義棄疾主其事故嫌也比實無弒君之罪而主殺之者是棄疾欲爲君之嫌

疏比不至故嫌也○釋曰比歸稱公子今棄疾殺之亦云公子不言弒其君是比無欲爲君之嫌異于無知祝吁之類也然無知祝吁有嫌此亦不稱君未踰年之主例不得稱君以

稱公子則異于祝吁之類齊公子商人弑舍雖未踰年欲成商人之罪而稱君若戎棄疾之罪亦應稱君故范決其不言弑其君也春秋不以嫌代嫌者謂比歸而遇弑雖則無嫌棄疾之意亦以比欲爲君之嫌而殺之是棄疾以比爲嫌棄疾殺比而自立亦是嫌也今棄疾不以國氏者不以嫌代嫌故也若以嫌代嫌而當云楚棄疾殺公子比也但由不以嫌代嫌故存棄疾之氏耳棄疾主其事故嫌也傳言此者棄疾殺比理實有嫌但爲不以嫌代嫌故經無其事傳以棄疾經無嫌文故云棄疾主其事故嫌也主其事者主殺比之事也

〇秋公會劉子晉侯齊侯宋公衛侯鄭伯曹伯莒子邾子滕子薛伯杞伯小邾子于平丘平丘地也八月甲戌同盟于平丘公不與盟公以再如晉不得入故不肯與盟〇與音豫同者有同也同外楚也公不與盟者可以與而不與譏在公也其日善是盟也公不與盟當從外盟不日今日之善其會盟因楚有難而

反陳蔡之君。〔疏〕注當從外盟不日。釋云外盟不日者有難乃旦反隱八年傳曰外盟不日此其日何也諸侯之參盟於是始故謹而日之是非始則不日也**晉人執季孫意如以歸**以公不與盟故**公至自會○蔡侯廬歸于蔡○陳侯吳歸于陳**八年楚滅陳十一年楚滅蔡諸侯會而復之故言歸**善其成之會而歸之故謹而日之**二國獲復此盟之功也故於其歸追述前盟謹日之意以美諸侯存亡繼絕非謹陳蔡歸國之日也於盟則發謹日之美於歸則論致美之義〔疏〕注於盟至之義。釋曰注言此者解傳稱謹而日之意也於盟則發謹而日之美者謂傳稱其日善是盟是也於歸論致美之義者謂傳云善其成之會而歸之故謹而日之是也**此未嘗有國也使如失國辭然者不與楚滅也**〔疏〕使如至滅也。釋曰傳言此者據其稱爵言歸同於舊有國之例也不與楚滅也謂不與楚滅故以失國辭言之不言復歸者雖同失國之辭實未嘗有國故不得言復歸也公羊傳云此滅國也其言歸何不與諸侯專封也其意不與諸侯專封故使若有國自歸者穀梁以此會劉子在焉楚以無道滅二國諸侯王命存之不得云不與諸侯專封也故以爲善其成之會而歸之狀同舊有國然且又不與楚滅故也

○冬十月葬蔡靈公變之不葬有三 變之謂改常禮春秋之常小國夷狄不葬

〔疏〕注變之至不葬。○釋曰彼不赴我不會及小國與夷狄不書葬者也舊史之常也言變之言不葬者謂舊合書葬有故而仲尼改之也小國不葬曹許之書葬者小國謂附庸之屬非曹許也

失德不葬 無君弒道 君不葬 謂不討賊如無臣子 滅國不葬 無臣子也 然且葬之不與楚滅且成諸侯之事也 蔡靈公弒逆無道以致身死國滅不宜書葬書葬者不令夷狄加乎中國且成諸侯與滅繼絕之善故葬之。○令力呈反

○公如晉至河乃復

○吳滅州來

〔疏〕失德至事也。○釋曰此言失德不葬宋其書葬者由賢伯姬故書其葬也弒君不葬春秋所以有弒君書葬者弒君賊不討之不書葬是正也其書葬者皆意有所見也蔡景不忍使父失民於子陳靈

公明外之討賊蔡昭以盜名不見若殺微人不足可録其衛桓齊襄二人並討賊故皆書葬也滅國無臣子不葬是其正也書之者亦意有所見此見不與楚滅蔡且成諸侯之事八年陳哀公書葬者亦見不與楚滅閔陳而存之也

監本春秋穀梁注疏昭公卷第十七

大清嘉慶二十年[illegible]
用文選樓藏本校

新建縣知縣鄭祖琛
浮梁縣知縣劉　丙　同栞

穀梁注疏卷十七挍勘記

阮元撰盧宣旬摘錄

昭公 余本卷第十單疏本同

元年

二月取鄆 閩監毛本同石經二作三是也

晉荀吳帥師敗狄于太原 閩監本同石經毛本太作大釋文出大原云下及注同

二年

受制疆臣 閩毛本疆改彊是也監本作愛制疆臣尤誤

故經言有疾而別之 閩監毛本同單疏本而作以

惡季孫宿 閩監毛本同單疏本上有此云二字

安得謂之諂公者 閩監毛本同單疏本謂作爲

三年

夏叔至成公　閩監毛本同單疏本作五月葬滕成公

四年

注雪或爲雹　閩本同監毛本脱此五字

爲齊討也　石經閩本同監毛本討誤封

欲行霸者之事　閩監毛本同單疏本霸作伯

五年

以其地來也　余本閩監毛本同石經無其字

狄人謂賁泉失台　案襄公五年疏賁作蚡失台作矢胎

以用狄道也　閩監毛本同單疏本以作似是也

六年

冬〻蔑罷帥師伐吳　閩監毛本同石經余本冬作楚不誤

七年

平者成也　石經閩監毛本同余本脱此四字

故發明之婼亦受命也　閩監毛本同單疏本明之作之明

鄉曰衞齊惡　石經閩監毛本同釋文出嚮云本亦作鄉八年同

欲使重父命也父受命名于王父　閩監毛本同余本使下有人字無下命字

則聽王父之命名之　閩監毛本同余本聽作稱

若卒哭而後　閩監毛本同單疏本而作以

八年

此云陳世子者　閩監毛本同單疏本比作此

兄弟不得以屬通　閩監毛本同石經余本兄弟作弟兄

陳侯溺卒　石經閩本同監毛本脱侯字釋文出侯溺

楚人執陳行人干徵師殺之　石經閩監本同毛本干誤于

怨接於上也　補此下有疏文誤在下經陳公子留出奔鄭下

稱人至上也　此疏閩監毛本在上傳怨接于上也下何校本上有傳字

重發傳者　自此至發傳以同之并經文陳公子留出奔鄭七字閩本闕監本剜增故此半頁獨十行

狩則主爲游戲　監毛本同閩本缺戲字

通帛旃　閩監毛本同余本帛下有爲字是也

或爲褐　閩本同監毛本爲誤作釋文出爲褐

各去門邊空握　閩監毛本同余本空作容

鑿挂則不得入門　閩監毛本同案釋文出挂也云戶卦反又音卦礙也與今本不同疑陸氏所據本鑿挂下有也挂二字

揜禽旅　石經閩監毛本同釋文揜本亦作俺○按俺當是掩之誤

惡虐幼小　閩監毛本同余本小作少案釋文出幼少音詩召反余本是也

謂之毛布覆之　閩監毛本同單疏本謂作爲

足令車通　閩本同監毛本令誤合

謂建旃表門之旒　閩監毛本同單疏本旒作流

但爲惡之　閩監毛本同單疏本爲作是

閔公也　閩監毛本同石經余本公作之

滅國〇釋曰 閩監毛本同單疏本滅國作傳閔之也四字釋曰下有傳解二字

九年

居處薄淺 閩監毛本同余本薄淺作淺薄

十年

故貶之 閩本同監毛本脱之字

十有一年

亦言諸侯不生名者 閩監毛本同單疏本無者字

凡罰當其理 閩本同監毛本罰誤討釋文出罰當

似華討罪事同 閩監毛本同單疏本華下有夷字

弒其君故 補毛本故作固案襄三十年經是固字

夷狄有中國之君　閩監毛本同何煌云誘誤有

比月大蒐人衆器械　閩本同余本比作此監毛本月作蒲人衆作衆人

厥慭地也　閩監毛本也作名

叩其鼻以衈血　僖九年傳血作社注云取鼻血以釁祭社器

一事注乎志　石經閩本同監毛本注誤註注同釋文出注乎

其志殺〇國二君以取其國　閩監毛本〇作蔡何挍本作一

十有二年

則應名而絶之　閩監毛本同余本而作以

春秋多與夷狄並伐　閩監毛本同余本下有者字

而不救　閩監毛本同余本不下有能字

范意以楚滅陳蔡　閩監毛本同單䟽本意作云

十有三年

當上之辭也者　十行本此下䟽在弑君者一段內單䟽五字爲標起止下增○及釋曰二字移屬注文故以君殺大夫之辭言之下

楚公子棄疾殺公子比　閩監毛本同石經棄作弃下同

君比欲取國而殺君者　閩監毛本同何校本殺作弑

以稱公子　閩監毛本脫稱字

故范決其不言弑其君也　閩本同監毛本弑作殺

外盟不日者　閩監毛本同何校本上有知字

於歸論致美之義者　閩本同監毛本義作意非

失德至事也　此疏十行本在吳滅州來下閩監毛本在注故葬之下何挍本上有傳字

穀梁注疏卷十七挍勘記終

寧都李楨挍

監本春秋穀梁注疏昭公卷第十八　起十四年盡二十二年

范甯集解　楊士勛疏

十有四年春意如至自晉大夫執則致致則名意如惡然而致見君臣之禮也大夫有罪則宜廢之既不能廢不得不盡爲君臣之恩故曰見君臣之禮○見君賢偏反（疏）大夫執則致○釋曰重發傳者單伯書字意如則書名婼又無罪以見三者義異故各發傳也○三月曹伯滕卒○夏四月○秋葬曹武公○八月莒子去疾卒○去起呂反（疏）八月至疾卒○釋曰不正前已見訖今卒書月莒行夷禮故無嫡庶之異○冬莒殺其公子意恢○恢苦回反言公子而不言大夫莒無大夫也莒無大夫而曰公子意恢意恢賢也曹莒皆

無大夫其所以無大夫者其義異也曹叔振鐸文王之子武王封之于曹在甸服之内後削小爾莒已姓東夷本微國○振鐸之愼反下大各反甸徒徧反已姓音已一本又音杞【疏】曹莒至異也○釋曰傳言此者揔而言之則小國無大夫也就事而釋則曹莒有異故傳辨之○注曹叔至之國○釋曰曹是文王之子封於曹者世本文在甸服之内者定四年左傳文

十有五年春王正月吳子夷末卒○末亡葛反〇二月癸酉有事于武宮籥入叔弓卒去樂卒事君在祭樂之中聞大夫之喪則去樂卒事禮也祭樂者君在廟中祭作樂○籥由若反去起呂反【疏】禮也○釋曰禮則不疑而曰有變以聞可乎似有嫌嫌則非禮非禮何以言禮也解云祭祀重禮國之大事一物不具則爲失所以鄉佐之卒而闕先君之樂而不止祭嫌有失禮釋之復言可乎問言禮意君在祭樂之中大夫有變以聞可

平變謂死喪大夫國體也君之卿佐是謂股肱故曰國體古之人重死君命無所不通死者不可復生重莫大焉是以君雖在祭樂之中大夫死以聞可也○復扶又反〔疏〕君命至不通○釋曰解命告也大夫與君一體情無疑二祭祀雖重以卒告君君當哀其喪而止祭不得以輕廢重故死可以聞也○夏蔡朝吳出奔鄭朝吳蔡大夫○六月丁巳朔日有食之○秋晉荀吳帥師伐鮮虞○冬公如晉

十有六年春齊侯伐徐○楚子誘戎蠻子殺之楚子不名戎蠻子非中國故○夏公至自晉○秋八月己亥晉侯夷卒○九月大雩○季孫意如如晉〔疏〕意如如晉○釋曰何以在葬上解去有本末事書前後文不得同○冬十月葬晉昭公

十有七年春小邾子來朝○朝直遥反○夏六月甲戌朔日有食之○秋郯子來朝○八月晉荀吳帥師滅陸渾戎滅夷狄時潞子嬰兒賢則日此月者蓋亦有殊于常戎○冬有星孛于大辰一有一亡曰有于大辰者濫于大辰也劉向曰大辰者大火也不曰孛于大火而曰大辰者謂濫于蒼龍之體不獨加大火○星孛蒲内反孛于本又作茀音佩○楚人及吳戰于長岸長岸楚地兩夷狄曰敗夷狄不能結日成陳故曰敗於越敗吳于檇李是也○曰敗必邁反下文及注同成陳直刃反檇李音醉中國與夷狄亦曰敗晉荀吳敗狄于大鹵是也楚人及吳戰于長岸進楚子故曰戰

（疏）進楚子故曰戰○釋曰何嫌以發解戰言及所以別客主不施直不言及或在上或在下案宋襄伐齊云及在上所以惡宋襄宣十二年邲之戰楚言及在下所以不惡

楚者據無罪言之直用兵得理則客直今楚稱及而在上與
邲戰之義反嫌惡楚而善吳吳以伯舉有辭序上稱及以罪
楚今兩夷言戰有違常例二國曲
直得失未分故須起例以明之

十有八年春王三月曹伯須卒○夏五月壬
午宋衛陳鄭災其志以同日也其日亦以同
日也或曰人有謂鄭子產曰某日有災子產
曰天者神子惡知之是人也同日爲四國災
也○惡音烏【疏】其志至同日○釋曰二文釋何僻襄九年宋災
傳曰故宋也明之災得書之由然則宋常錄三
國事非常也故傳曰同日也解衛陳鄭得書之意以此故復
閒外災不日之義見同日故不得不兩文釋之鄭子產之言
明天時人事報應有驗重其同日故經書其文傳載其事劉
向以爲宋陳王者之後衛鄭周之同姓時景王在劉子單子
事王猛召氏尹氏立王子朝朝楚之出也及宋衛陳鄭皆外
附於楚無尊周室之心後三年崩王室亂故天災四國若曰

不救反從楚廢世子言不正以害王室明以同辜○六月邾人入鄅○鄅音禹又音矩○秋葬曹平公○冬許遷于白羽白羽許地

十有九年春宋公伐邾○夏五月戊辰許世子止弒其君買日弒正卒也蔡世子般實弒父故以比之夷狄而不書日止弒而日知其弒止不弒則買正卒也正卒則止不弒也不弒而曰弒責止也責止不嘗藥疏正卒至責止也○釋曰責止則實實文不可虛加而復書葬以赦何○解止進藥之罪不由於醫罪連於許君故書弒責止止實不弒宜書葬以赦之春秋子弒父皆非子失教訓之道獨於此見之何有義而然因其可責而責之若商臣蔡般之流行同禽獸不得爲小人非可責之限故傳詳例於此止曰我與夫弒者不立乎其位以與其弟虺止自責曰我與弒君之人同罪於是致君位於弟○與夫音豫又如字下音扶虺許鬼反哭泣歠飦

粥嗌不容粒嗌喉也○歠昌悅反又常悅反飦之然反又居言反粥也粥之六反嗌音益咽喉也容粒音立未踰年而死故君子即止自責而責之也就其有自責心故以備禮責之○已卯地震○秋齊高發帥師伐莒○冬葬許悼公日卒時葬不使止爲弒父也曰子既生不免乎水火母之罪也羈貫成童不就師傅父之罪也羈貫謂交午翦髮以爲飾成童八歲以上○羈又作羇貫古亂反就師學問無方心志不通身之罪也心志既通而名譽不聞友之罪也名譽既聞有司不舉有司之罪也有司舉之王者不用王者之過也不敢罪上故言過許世子不知嘗藥累及許

君也 許君不授子以師傅使不識嘗藥之義故累及之○累劣僞反

二十年春王正月○夏曹公孫會自夢出奔宋自夢者專乎夢也 能專制夢○自夢無工反又亡忠反又亡弄反本或作蔑左氏作鄸

曹無大夫其曰公孫何也言其以貴取之而不以叛也 會以公孫之貴而得夢既而不以之叛明曹君無道致令其奔非會之罪故書公孫以善之○令力呈反

〔疏〕曹無大夫○釋曰再發傳者何解前崇曹羈之殺此重公孫之奔奔殺異辭而同例發明明其俱賢而得書明小國無大夫也

○秋盜殺衛侯之兄輒盜賤也其曰兄母兄也目衛侯衛侯累也 覬曰諸侯之尊弟兄不得以屬通經不書衛公子而目言衛侯之兄者惡其不能保護其兄乃爲盜所殺故稱至賤殺至貴○惡其烏路反

〔疏〕盜賤也○釋曰復發傳何解殺大夫稱人者謂誅有罪故盜殺三卿云不以上下道明大夫之例毋兄之殺宜繫於君自

殺也不能保存毋兄令爲盜所殺故書兩下之文以至賤而殺至貴故不得言上下道稱盜雖同本事例異故發傳也

然則何爲不爲君也○嫡兄宜爲君○嫡丁歷反曰有天疾者不得入乎宗廟輒者何也曰兩足不能相過齊謂之綦楚謂之踂衞謂之輒○綦音其又其冀反劉兆云綦連併也踂女輒反劉兆云聚合不解也輒本亦作縶劉兆云如見絆縶也○冬十月宋華亥向寗華定出奔陳徐邈曰月者蓋三卿同出爲禍害重也君以臣爲體民以君爲命凡爲憂者大害民處甚春秋皆變常文而示所謹非徒足以見時事之實亦知安危監戒云耳○處昌慮反以見賢徧反○十有一月辛卯蔡侯廬卒

〈疏〉注月者至害重也○釋曰宋萬以一卿而詳之又弟辰以五大夫而不月何解宋萬乃出月見宋人不討賊致令得奔故謹而月之弟辰爲仲佗所彊元無去意爲患輕故不月

二十有一年春王三月葬蔡平公○夏晉侯使士鞅來聘○宋華亥向寧華定自陳入于宋南里以叛自陳陳有奉焉爾入者內弗受也其曰宋南里宋之南鄙也以者不以者也叛直叛也（言不作亂【疏】自陳至焉爾○釋曰復發傳何解從外之叛而加自自實有力嫌其言自叛不由外納力復言內弗受也與入邑異例不受爲同復言以有嫌異於竊地者故發例同之○注言不作亂○釋曰則作亂不得言叛當以作亂書欒盈良霄是也傳言叛是與作亂是也）○秋七月壬午朔日有食之○八月乙亥叔輒卒（叔弓之子）○冬蔡侯東出奔楚東者東國也何爲謂之東也王父誘而殺焉（楚子虔誘蔡侯般殺之于申○蔡侯東左氏及公羊作蔡侯朱）父執而用焉

執蔡世子友以歸用之是也奔而又奔之曰東惡之而貶之也奔既罪矣又奔讎國惡莫大焉○惡之烏路反○公如晉至河乃復

二十有二年春齊侯伐莒○宋華亥向寧華定自宋南里出奔楚自宋南里者專也專制南里○大蒐于昌間○間如字一音蕳秋而曰蒐此春也其曰蒐何也以蒐事也疏秋而至蒐事○釋曰何以發傳於此解大蒐有五八年發例見正譏不正比蒲之蒐在夏之末承秋之初尚可以蒐則承春之首不可之甚故須發傳以彰甚也○夏四月乙丑天王崩○六月叔鞅如京師○葬景王叔鞅叔弓子天子志崩不志葬志葬危不得以禮葬也月者亦為葬景王起○亦為于偽反疏六月葬景王○釋曰何以不書日解傳言日甚矣其不葬之辭恐其甚之不明日以起之今經言王室亂則甚之可知故省文也王

室亂亂之爲言事未有所成也尹氏立子朝劉氏單氏立王猛俱未定也劉子單子以王猛居于皇皇地○單音善以者不以者也王猛嫌也直言王猛不言王子是有當國之嫌疏以者不以者也○釋曰復發傳何解劉單王之重卿猛王之庶子以貴制庶嫌其義別起例以詳之也○秋劉子單子以王猛入于王城以者不以者也入者内弗受也猛非正也○冬十月王子猛卒此不卒者也未成君也其曰卒失嫌也猛本有當國之嫌其卒則失嫌故録之疏失嫌也○釋曰爲尊何以言當國解春秋以王爲國若言齊晉今言王猛不言子與無知同文故曰當國也○十有二月癸酉朔日有食之

二十有三年春王正月叔孫婼如晉○癸丑

叔鞅卒○晉人執我行人叔孫婼○晉人圍郊郊周邑也○夏六月蔡侯東國卒于楚不日在外也以罪出奔又奔雠國故不葬

（疏）注不日在外也○釋曰案諸侯之卒不日以明庶不以外爲異傳曰諸侯時卒惡之今東國奔雠何以書月解許用新臣卒上言伐楚下言卒無明其在楚庶子而卒卒而不日書時在外文不明故也蔡侯肸在內而卒卒不書日傳曰惡之今蔡侯東國上言東以貶之下言卒於楚諸侯之奔例不書卒今蔡侯之卒見奔雠國而死惡之可知以在外以明惡故書月以顯之○注又奔雠國故不葬○釋曰諸侯奔死於外國例不卒何直不葬有義而然諸侯不卒則已卒宜有葬葬不書者義有所見義不必同或從失德今蔡侯不卒卒於雠國書卒而不葬

○秋七月莒子庚輿來奔○戊辰吳敗頓胡沈蔡陳許之師于雞甫雞甫楚地○雞甫左氏作雞父胡子髡沈子盈滅國雖存君死曰滅○髡苦門反盈本亦作逞中國不言敗此其言敗何也

據宣十二年晉荀林父及楚子戰于邲晉師敗績不言楚敗晉師 疏 中國不言敗○釋曰釋其滅寀經戰于韓獲晉侯戰于大棘宋師敗績獲華元中國不言敗直言戰于雞甫敗頓胡沈蔡陳許之師胡子髡沈子盈滅定以言敗解言楚人及吳戰于長岸傳曰進楚子然則邲之戰直在楚以中國不言敗今吳無進稱爲夷狄故不稱戰及敗績以釋其滅足賢胡沈之君亦明吳之不進也 **中國不敗胡子髡沈子盈其滅乎其言敗釋其滅也** 若師不敗則君無由滅也賢胡沈之君死社稷 **獲陳夏齧獲者非與之辭也** 賢夏齧雖獲不病以其得衆也義與華元同○夏戸雅反齧五結反 疏 注與華元同○釋曰國書亦然而無傳釋而經文有異何得稱同解華元有故而止文雖不同明賢之義不別國書文同而義同也 **上下之稱也** 君死曰滅臣得曰獲君臣之稱○之稱尺證反注之稱同 **○天王居于狄泉** 敬王辟子朝狄泉周地○辟音避 **始王也其曰天王因其居而王之也** 天子踰年即位稱王敬王踰年而出故曰始王雖不

在國行即位之禮王者以天下爲家故居于狄泉稱王

尹氏立王子朝

隱四年衛人立晉傳日稱人以立得衆也此言尹氏立朝唯尹氏欲立之

【疏】始。王至之也。釋曰注云天子踰年即位稱王敬王踰年而出故曰始王天子之稱天王是常例也而傳云始王注云踰年者未通此傳之意解子猛當國朝亦非正景王以三十一年夏四月崩六月葬劉單二子以王猛居于皇復入王城冬而猛卒至今敬王踰年而既葬所繼者承景王之崩不繼者承王猛之卒是年七月敬王立當踰年既葬之例此歲尹氏立子朝將圖神器天下兇懼其主無雖復常稱其所在著其始王也

立者不宜立者也朝之不名何也

據晉之名惡今若但言尹氏立朝則嫌朝是尹氏之子故言王子以別之。別彼列反朝亦惡怪不直名而言王子。惡烏路反下同

別嫌乎尹氏之朝也

【疏】立者至者也。釋曰重發傳何解衛晉得衆言立嫌非所宜此子朝失衆獨在尹氏故言立以著不宜文同而義異故復發傳別嫌乎尹氏之朝。注云嫌朝是尹氏之子。釋曰夫國之大事莫善繼統繼統之道勿盛嫡胄繼無承重宜擇立其次故單子劉子立猛文稱當國其次子無命故獨

言立言立彰不宜明有纂王之意今周室雖衰鼎命在上四方諸侯知一人之貴繼成康之道滅典法之文存祭號大名不可虛置巍巍聖寶寧得空假鄙以區區之小而以外孫爲嗣書其滅亡以爲將來之戒況天下重任豈得異姓尹氏不擇天道不違人事不自立其子當有同心之授不義之罪御假一朝之勢以集四海之士此理灼然而愚夫之所不或何爲孔子書經游夏爲傳經於不疑之中而疆生疑於無嫌之義而巧出嫌恐朝爲尹氏之子爲當有旨解周室大亂骨肉乖離故王猛有篡奪之心單劉懷翼戴之志敬王孤立猛卒之後而朝逆尹氏之世卿婚媾王室禍亂之基固可奪之初自立或招乘釁之衆集負險之民堅冰之際或有无妄之會經別嫌尹氏不亦宜乎衰亂之世何所不爲鄙立異姓周亦致疑疑而須別別嫌立朝者此其旨矣

〇八月乙未地震〇冬公如晉至河公有疾乃復疾不志此其志何也釋不得入乎晉也

疏 有疾至晉也〇釋曰解公之如晉四不得入假言有疾實由季孫之不入今實有疾別於無疾而反也

二十有四年春王二月丙戌仲孫貜卒○婼至自晉大夫執則致致則挈由上致之也上謂宗廟也致臣于廟則直名而已所謂君前臣名○挈苦結反○夏五月乙未朔日有食之○秋八月大雩○丁酉杞伯郁釐卒○釐力之反○冬吳滅巢○葬杞平公

二十有五年春叔孫婼如宋○夏叔倪會晉趙鞅宋樂大心衛北宮喜鄭游吉曹人邾人滕人薛人小邾人于黃父○有鸜鵒來巢一有一亡曰有來者來中國也鸜鵒不渡濟非中國之禽故曰來○鸜其俱反本又作鸛音權左氏作鸜公羊作鸛鵒音欲濟子禮反（疏）一有至中國○釋曰重發傳者何解鸜鵒者飛

鳥與蜚蜮異稱有爲同故重發傳云來者來中國也何嫌而發解蜚蜮不言來不見所從麟不言來者欲但於中國不外之

鸜鵒穴者而曰巢劉向曰去穴而巢此陰居陽位臣逐君之象也或曰增之也如增言巢爾其實不巢也秋記災異未有妄加之文或說非也○秋七月上辛大雩季辛又雩季者有中之辭也不言中辛中辛無事又有繼之辭也緣有上辛大雩故言又也○九月乙亥公孫于齊孫之爲言猶孫也諱奔也次于陽州次止也陽州齊竟上之地未敢直前故止竟也○公孫音遜本亦作遜下同齊竟音境下同

疏孫之至奔也○釋曰復發傳何解前發例於夫人今復發例於公明其同義以別尊卑之辭詳畧也

齊侯唁公于野井野井齊地齊侯來唁公公逆之至野井唁音彥弔失國曰唁唁公不得入於魯也

疏弔失至魯也○釋曰言弔足以釋之復言不入於魯地則曰唁者彰

公失國言不得入魯繼國事之辭言可以書咭而不詳其文○冬十月戊辰叔孫婼卒○十有一月己亥宋公佐卒于曲棘曲棘宋地邡公也邡當為訪訪謀也言宋公所以卒于曲棘者欲謀納公○邡音方又音訪〔疏〕注宋公至納公○釋曰案諸侯之卒卒在外書地書地繼不納公何得畧以見義解諸侯卒書地者地有遠近國邑之別故鄭扈非國晉侯因會且而鄭伯未見諸侯之所許男軔楚蔡奔雠國四者書地地有所由今曲棘非國是未踰竟當從鄭扈之例旣明矣釋以謀納公為義義叶鄭扈而例不異○十有二月齊侯取鄆取鄆以居公

取易辭也內不言取以其為公取之故易言之也○易以豉反為于僞反〔疏〕取易辭○釋曰與濟西讙闡同異若何解取者易之辭易辭之義兼內外內之釋雖同同而事辨異異則反覆釋之故曰為公取之言非季氏之賂忠臣之意非實易辭尊君抑臣與濟西同文前不異外之易者實易宋取鄭師是也

二十有六年春王正月葬宋元公○三月公至自齊居于鄆公次于陽州其曰至自齊何也據公但至陽州未至齊〔疏〕注據公至陽州○釋曰後如晉出致不同傳以見出致解公初至於陽州後如晉乾侯出不同傳以見齊侯爲義雖至陽州可以齊致明乾侯之致不見晉侯故下二十九年注云以乾侯致不得見晉侯故以齊侯之見公可以言至自齊也齊侯唁公于野井以親見齊侯爲重故可言至自齊居于鄆者公在外也若但言公至自齊而不言居于鄆則公得歸國欲明公實在外故言居于鄆〔疏〕公在外○釋曰又曰前不外公言外何解言外者據內生名公雖出奔臣子不得外公存錄之如在國在國之文不得實同故言居鄆以別之至自齊道義不外公也至自齊者臣子喜君父得反致宗廟之辭爾今君雖在外猶以在國之禮錄之是崇君之道○夏公圍成成孟氏邑非國不言圍所以言圍者以

大公也崇大其事【疏】非國至大公也○釋曰：何解凡邑不言圍，指小都，都之大者則國，此文是於三家彊大，邑過百乘，比之小國，國家之患良由此起。昭公圍成，郈郈人不服而臣之，邑不順季氏之權，得國之資，圍而不克，故以大公爲文。然則定公雖墮三都，成人不肯，公伐不克，故傳以大公釋之，書致爲異，故傳釋之。此不致者，齊無難，公之言不以適齊無爲危，至如長葛，言圍非常見義，乃殊故傳不異。○秋，公會齊侯、莒子、邾子、杞伯，盟于鄟陵。鄟陵，某地。○鄟陵，音專，又市轉反。公至自會，居于鄆。公在外也。至自會，道義不外公也。【疏】義不外公也○釋曰：復發傳何解？自齊爲虛致。自會爲實文，與虛致嫌義有殊，故發不異也。○九月庚申，楚子居卒。○冬十月，天王入于成周。周有入無出也。始即位，非其所，今得還，復據宗廟，是內，故可言入。若即位在廟，則王者無外，不言出。【疏】有入無出也○釋曰：王也，傳言周而復釋，何解？彼明上下一見則同有出文，故言周。言周有入無出，明天王之身入與出故發傳也尹氏召伯毛伯以王子朝奔楚遠矣非也雍曰奔篡君之賊其責遠矣○召上照反篡初患反【疏】注奔篡至遠矣○釋曰傳言奔直奔也何嫌以發解非也非責之非責其遠矣獨言遠者傳云於周公著例見上下之文然則王子瑕不言出是常文而無大罪則從例可知故省文至於尹氏周室之微弱而日月不誅子朝使之奔不足可責遠矣則刺諸侯諸侯謂宋衛陳鄭外附於楚子朝之舅華戎同心而叛天子不能誅則宜遠責諸侯乃經解傳宜其責遠矣傳既責遠愧奔亦異故曰奔直奔也傳曰奔之惡也惡其奔○離子朝之奔奔雖而奔直奔也曰奔直奔惡諸侯之叛刺其不殊也

二十有七年春公如齊自鄆行公至自齊居于鄆公在外也【疏】公在外也○釋曰發傳不同而重起例何解公前孫而至今如齊不言孫反而言至至言居于鄆故傳言公在外也異義而文別故重言例而文省則義同義同亦在外可知也○夏四月吳弒其君僚○僚力雕反○楚殺其大夫郤宛

〇宛於阮反又於元反〇秋晉士鞅宋樂祁犂衛北宮喜曹人邾人滕人會于扈〇祁犂力兮反又力私反扈音戶〇冬十月曹伯午卒〇邾快來奔徐邈曰自此已前邾畀我庶其並來奔今邾快又至三叛之人俱以魯爲主邾魯鄰國而聚其逋逃爲過之甚故悉書之以示譏也小國無大夫故但舉名而畧其氏〇邾快苦夬反畀必二反本或作鼻逋逃布吳反〇公如齊公至自齊居于鄆

二十有八年春王三月葬曹悼公〇公如晉次于乾侯不得入于晉乾侯晉地〔疏〕公如晉〇釋曰解與發圍國之文同故傳言公在外也明從鄆如齊不釋言次之言在外亦顯故公在外也〇夏四月丙戌鄭伯寧卒〇寧下滕子寧皆如字〇六月葬鄭定公〇秋七月癸巳滕子寧卒〇冬葬滕悼公

二十有九年春，公至自乾侯，居于鄆。以乾侯致，不得見晉侯故。齊侯使高張來唁公。唁公不得入於魯也。

【疏】唁公至魯也○釋曰：復發傳何？解前齊侯唁公于野井，野井齊地，今來唁公于鄆，鄆是魯地，魯地而言唁，言不得入于魯國都。魯國都謂宗廟所在。唁有遠近，人有尊卑，君臣同文，故重發例也。

○公如晉，次于乾侯。○夏四月庚子，叔倪卒。季孫意如曰：叔倪無病而死，此皆無公也，是天命也，非我罪也。言叔倪欲納公，無病而死，此皆天命使魯無君爾。魯公之出，非我罪。○叔倪，五計反，又五兮反，左氏作詣。

【疏】皆無公也○釋曰：叔倪之卒，事無公，而曰皆，何？解經言宋公佐卒于曲棘，傳言邡公也，今叔倪復卒，傳曰皆無公也。

○秋七月。○冬十月，鄆潰。潰之爲言，上下不相得也。上下不相得，則惡矣，亦譏公也。公旣出奔，不能改德脩行。

居鄆小邑復使潰亂德之不建如此之甚○潰戶內反惡烏路反又如字行下孟反復扶又反（疏）潰之至得也○釋曰重發起例何解上下不相得之爲罪與國同故例詳之此年三月次于乾侯來還于鄆冬而鄆潰嫌自潰不責於公故言亦譏公也

昭公出奔民如釋重負傳明昭公有過非但季氏之罪

三十年春王正月公在乾侯中國不存公存公故也中國猶國中也（疏）注中國至中也釋曰曰凡言國中指謂魯也中國指其諸夏諸夏爲中國據夷狄爲外索成昭適晉並踰年而不言在襄二十八年公如楚二十九年書公在楚傳曰閔公也爲楚所致存錄之然則此文中國國中何爲變中國者何解中國踰年不言在親倚之情如國莫二比之國中不以言中非諸夏且昭以二十五年出奔二十六年居鄆是魯地不存公二十七年二十八年亦如之至此寄在乾侯乾侯爲晉地明公去魯竟而入於晉界不復重還遂卒于外雖復生存居地壤于寻來歸來不居兹日故傳以有故釋之所以閔公范例云在有故言在非所在也

○**夏六月庚辰晉侯去疾卒**○去起呂反

○**秋**

八月，葬晉頃公。○頃音傾。○冬十有二月，吳滅徐。滅夷狄時，月者爲下奔起。○爲，于僞反。

疏 注「月者」至「奔起」。○釋曰：案滅中國日，出奔月，輕於滅。滅夷狄時，奔何得更月？解：范荅薄氏云：國不滅而出，以月爲國；國滅例而出，出重發於滅。滅夷狄雖時，猶加於月。然則溫子不滅而出奔，何以不月？有義而然。弦子之奔，文承八月之下；溫子以逃，在正月之後。何知不月？傳於弦子滅言不日，微國。微國則例月，例月則不關於君出。君出之重，不大於滅國。范云出重於滅者，言既滅其國，君不死難，比之常奔，恒滅則爲重矣。滅在月例者，君出不復加日，明滅重矣。月亦是譚子出月，月關滅國。滅國例之同，同例在不日，傳於滅國詳畧之，更於潞子發夷狄之遠例，於鄫亡見中國之變，稱義例成矣。潞子之賢，從自盟滅國獲君；君或出奔，名爲罪，皆有罪。故注譚子云蓋無罪，今注章羽明不復疑，名爲有罪。譚子言蓋，約郲益之名，名義見矣，故章禹從正例而不疑也。

徐子章羽奔楚。奔而名者，有罪惡也。○惡，烏路反。

三十有一年，春，王正月，公在乾侯。○季孫意如會晉荀櫟于適歷適歷晉地○櫟音歷舊作躒適丁歷反○夏四月丁巳薛伯穀卒○晉侯使荀櫟唁公于乾侯唁公不得入於魯也曰既爲君言之矣不可者意如也言已已告魯求納君唯意如不肯○爲于僞反（疏）唁公至魯也○釋曰復發傳何解范例云唁有三弔失國曰唁唁雖有三弔失國三三釋一而已不入魯界有三文知言唁嫌與魯異其言不得入魯明弔失國而異今地晉而受晉納公有可入之理故言唁公不得入於魯也○秋葬薛獻公○冬黑肱以濫來奔其不言邾黑肱何也據襄二十一年邾庶其以漆閭丘來奔言邾○肱古弘反濫力甘反又力暫反別乎邾也邾以濫邑封黑肱故別之若國○別彼列反其不言濫子何也據既別之爲國則應書其爵非天子所封也來奔內不言叛也（疏）來奔至叛也○釋曰重發

傳何解書黑肱不繫邾嫌其專地不責叛罪輕故言來奔不言叛罪自顯也 ○十有二月辛亥朔日有食之

二十有二年春王正月公在乾侯取闞。闞口暫反 ○夏吳伐越 ○秋七月 ○冬仲孫何忌會晉韓不信齊高張宋仲幾衞太叔申鄭國參曹人莒人邾人薛人杞人小邾人城成周天子微諸侯不享覲享獻也覲見也言天子微弱四方諸侯不復貢獻又無朝覲之禮 ○大音泰享許丈反覲其靳反見賢偏反 天子之在者惟祭與號祭謂郊上帝號謂天子至與號。○釋曰於此乃言周衰變之正重復扶又反朝直遥反

【疏】復起傳何解平桓之世唯復禮樂出自諸侯諸侯稱王猶有享覲之心襄王雖復出居猶賴晉文之力札子雖云矯殺王威未甚屈辱至於景王之崩嫡庶交爭宋衞外附楚

亦內侮天子獨立成周政教不行天下諸侯無桓文之霸不能致力於京師權柄委于臣手故大夫相率而城之比之在禮故釋不異辭因變正也故諸侯之大夫相帥以城之此變之正也〇十有二月己未公薨于乾侯

監本春秋穀梁注疏昭公卷第十八

長恩盧氏宣旬校定

大清嘉慶二十年重
用文選樓藏本校

新建縣知縣鄭祖琛
浮梁縣知縣劉丙　同栞

穀梁注疏卷十八挍勘記　　阮元撰盧宣旬摘録

十有四年

注曹叔至之國　閩監本同毛本國誤内

定四年左傳文　閩監毛本同何挍本傳作氏

十有六年

解去有本末　閩監毛本去作云是也

十有七年

不曰孛于大火　閩監毛本同釋文星孛下出茀于云本亦作孛今本作孛與釋文亦作本合

於越敗吴于檇李是也　監毛本于誤於閩本不誤檇皆誤从才

何嫌以發解戰言及所以別客主　閩本及作乃監毛本言及作○註

故須起例以明之　閩監毛本同單疏本以作而

十有八年

明之災得書之由　閩本同監毛本之作宋單疏本作外

十有九年　監本十誤子

故以比之夷狄　閩監毛本同余本無之字

知其弑　閩監毛本同余本其下有不字

而復書葬以赦何　閩監毛本同單疏本無何字

我與弑君之人同罪　閩本同監毛本君作父

母之罪也　閩監毛本同石經元刻上有父字改刻删去故以父也曰子既生不免乎九字爲一行

羈貫成童不就師傅　石經閩本同監毛本傅誤傳釋文羈又作䩭

二十年

曹公孫會自夢出奔宋　石經閩監毛本同釋文夢本或作莔

而目言衛侯之兄者　閩監毛本目作自余本作斥

衛謂之輒　石經閩監毛本輒作輒是也釋文本亦作縶

二十有二年

嫌其義別起例以詳之也　閩本同監毛本起誤其

癸酉朔日有食之　石經閩監毛本同余本脱朔字

二十有三年

解許用新臣卒　閩監毛本用作男

死於外國　閩監毛本同單疏本外作他

中國不言敗　閩監毛本此上衍獲陳夏齧四字石經無

定以言敗　閩監毛本同單疏本定作足

以釋其滅　閩監毛本同單疏本釋作稱

賢胡沈之君死社稷　閩本同監毛本胡誤乎

始王至之也　此疏十行本在注尹氏欲立之下閩監毛本在故居于狄泉稱王下何校本上有傳字

未通此傳之意　十行本未下一字筆畫舛誤閩監毛本作喻何校本作逾

朝唯尹氏欲立之也　閩監毛本同何校本朝作明按作明是

重發傳何　閩監毛本同單疏本重作復

不義之罪　閩監毛本同單疏本義作達

而愚夫之所不或　單疏本元本同閩監毛本或作惑

二十有五年

有鸜鵒來巢　閩監毛本同釋文鸜本又作鸛

如增言巢爾　閩監毛本同何校本如作加

公孫于齊　閩監毛本同是也釋文孫本亦作遜

孫之爲言猶孫也諱奔也次于陽州　閩監毛本次于陽州四字誤倒在孫之爲言猶孫也上石經此語漫漶諱奔也陽州五字尚可辨知十行本與石經合

復發傳　閩監毛本同單疏本下有者字

何得略以見義　閩監毛本同單疏本何下有以字

晉侯因會且而鄭未見　閩監毛本同單疏本而下有卒字

四者書地地有所出 閩監毛本同單疏本書地作地書

易辭之義兼內 閩監毛本同單疏本內上有外字是。

同而事辨異 閩監毛本同單疏本辨作别

二十有六年

則公得歸國 閩監毛本同何校本依公羊疏則下增嫌字

又日前不外公言外 閩監毛本同何校本日作曰

自齊爲虛致 閩監毛本同單疏本致作至

刺其不殊也 閩監毛本殊作誅

二十有七年

楚殺其大夫郄宛 石經閩監毛本同釋文出郤宛

宋樂祁犂閩監毛本同石經犂作犁釋文出祁犁

三十年

雖時猶加於月閩監毛本同單疏本於作以

滅國例之同閩監毛本同單疏本例作與

故章禹從正例而不疑也閩本同單疏本監毛本禹作羽

三十有二年十行本三字脱中間一畫閩監毛本誤作二

衛太叔申閩監毛本同石經太作大釋文出大叔音泰○按大太古今字

又無朝覲之禮閩監毛本同余本覲作見

於此乃言周衰變之正閩監毛本同單疏本於作以

穀梁注疏卷十八挍勘記終　　寧都李楨挍

監本春秋穀梁注疏定公卷第十九（起元年盡十五年）

范甯集解　楊士勛疏

定公〔疏〕魯世家定公名宋襄公之子昭公之弟以周敬王十一年即位謚法安民大慮曰定

元年春王不言正月定無正也定之無正何也昭公之終非正終也死在外故〔疏〕注死在外故○釋曰非正終案桓公之薨于齊與乾侯不異莊公不即位而書正月何解以十八年如齊至即薨薨而當歲即入入而莊公繼位行既殯踰年之禮但以先君殺而後主不忍行即位之禮今昭公前年薨今年喪入定公既殯不居正月之前欲行即位非踰年之始非始非正故未得即位不得比之莊公定之始非正始也昭無正終故定無正始不言即位喪在外也○三月晉人執宋仲幾于京師晉執人於尊者之側而不以歸京師故但言其執不書所歸徐

邈曰案傳定元年不書正月言定無正也然則改元即位在于此年故不可以不書王書王必有月以承之故因其執月以表年首爾　不

注晉執至幾也○釋曰薄氏駁云仲幾以謹仲幾也

疏

之罪自委之王吏非晉人所執故傳云不正其執人於尊者之所也識執不議無°所歸晉執曹衛他處並可言歸若晉人執仲幾于京師復何得言歸于京師若如此論何以通乎解范荅云晉城成周宋不即役晉爲監功之主因而執之此自晉人之事安得委之王吏傳當以執人於尊者之所而不以歸於王之有司非言其不可以執晉文公執曹衛之君各於其國而並不書國者以其歸于京師故也今執仲幾不書所歸唯舉其地者此晉自治之劾若使歸于京師與執諸侯同君臣無別也今直執在京師不可言歸此義猶自未通有°義而然上言城成周序仲幾于會於歸言于京師其言足誤天王居于狄泉在畿內而別處若上言城成周下稱晉人執宋仲幾歸于京師具見執之異處而歸矣子今晉人於尊者之側而執人以歸自治於國故春秋不與其專執地於京°師下文言此大夫其曰人何微之也何以知大夫有義而然周之稱名大夫相執無稱名之例因此見義明大夫相執不書書則微之見伯討失所故云云非謂大夫相執得見於經經書晉人執衛侯歸之于京師與伯執稱人

不異，異則言侯，故曰以晉侯而斥執曹伯，惡晉侯也，是君臣之別也。此其大夫，其曰人何也？微之也。何爲微之？不正其執人於尊者之所也，不與大夫之伯討也。○夏六月癸亥，公之喪至自乾侯。○戊辰，公即位。殯然後即位也。周人殯于西階之上。〔疏〕注「周人至之上」。○釋曰：嫌何以言解喪自外至，雖正棺於兩楹之間，兼不亦言，故言西階。鄭注《禮記》以爲殯亦兩楹之間也。定無正，見無以正也。踰年不言即位，是有故公也。謂昭公在外，故○見，賢徧反。言即位，是無故公也。即位，授受之道也。先君見授，後君乃受，故須棺在殯，乃言即位。先君無正終，則後君無正始也；先君有正終，則後君有正始也。戊辰，公即位，謹之也定之即位不可不察也公即位何以日也據未有日者〔疏〕定之至察也○釋曰解定公即位特異常文者欲言繼弒公好卒欲言好卒卒非正終不即入踰年乃至至正月當即位而皆失時時不得同於常禮禮宜異文文書之在夏是有故與無故兩文並見即位雖同而時義有别理有所見見必有意故曰不可不察也戊辰之日然後即位也癸亥公之喪至自乾侯何爲戊辰之日然後即位也癸亥去戊辰六日怪不即位正君乎國然後即位也諸侯五日而殯今以君始死之禮治之故須殯而後言即位沈子曰正棺乎兩楹之閒然後即位也兩楹之閒南面之君聽治之處○之處昌慮反內之大事日即位君之大事也其不日何也以年決者不以日決也此則其日何也著之也欲有所見何

著焉踰年即位厲也厲危也公喪在外踰年六月乃得即位危故曰之於厲之中又有義焉先君未殯則後君不得即位未殯雖有天子之命猶不敢況臨諸臣乎以輕喻重也雖爲天子所召不敢背殯而往況君喪未殯而行即位之禮以臨諸臣乎周人有喪魯人有喪周人弔魯人不弔周人曰固吾臣也使人可也魯人曰吾君也親之者也使大夫則不可也故周人弔魯人不以其下成康爲未久也周道尚明无愧于不往

〔疏〕注周道至不往○釋曰今定公之世天子之存唯祭與虢安得云尚明解此傳以重況輕陳上世之事非專今日下成康爲未久定公未殯不得即位以臨群臣輕于王命王命猶不得背殯指謂王與魯並有喪周人弔魯魯人不弔既殯君乃奔喪喪服天子之斬哭泣申父重之情先殯其父後奔天子之喪亦是不奪人之親門外之治義斷

恩門内之治恩掩義至如伯禽越紼赴金革之重不拘此例君至尊也去父之殯而往弔猶不敢況未殯而臨諸臣乎○秋七月癸巳葬我君昭公○九月大雩雩月雩之正也秋大雩非正也冬大雩非正也秋大雩雩之爲非正何也冬禾稼既成猶雩則非禮可知秋禾嫁始苗嫌當須雨故問也毛澤未盡人力未竭未可以雩也邵曰凡地之所生謂之毛公羊傳曰錫之不毛之地是也言秋百穀之潤澤未盡也人力未盡謂耕耘之功未畢○耘本又作芸音云

【疏】凡地至是也○釋曰言非必百穀至而雩祀之設本爲求雨求雨之意指爲祈穀故周頌噫嘻之篇歌春夏而同名至於脩雩祀不異故此傳言毛澤未窮人力未竭言人力之功施於種植種植之義在于禾黍未聞凡品揔稱曰毛將何所據解聖人之於四海不偏一物愛人之情特深懷抱百姓所恃莫急於食食雖民天天不降雨嘉品不育時澤之來普汎無私雖非百穀亦

治。有洪。之潤公田已流遂及之惠彌遠故揔凡品爲毛明天德之道廣列子言山川之毛指謂草木公羊所論非專禾麥寒涼之地本不種苗鄒衍吹律乃始名生物謂之黍若以此言之公羊所言不毛鄒衍之前當鄭伯與楚語時也又上傳云冬大雩非正也秋亦曰非正也非正是同而問不異及荅之直釋月雩爲正則四月龍見常失正故也解成七年冬大雩傳云冬無爲雩也言用禱禮明不稼成不須雩失時不二故問同而荅異注當須雨其解也聖人重謝請請必爲民民之本務在於春夏春夏祈穀先嚴其犧牲具其器物謹脩其禮與精神有感故一時盡力專心求請求請不得失時時請孟夏之節是月有雨先種得成茂實後種更生故重其二時時過以往至於八月九月脩雩之節不言四月非正也故曰是月不雩則無及矣謂八月求雨雩而得之則書雩明有所及故也是月雩不必有雨而曰無及者人情之意欲其有益故以兩月請是年不艾則無食指謂九月之雩雩而得雨是年有食雩不得雨則書旱旱則一歲無食故曰是年傳於仲秋言月季秋言年年月之情以表遠近深淺之辭也

雩月雩之正也月之爲雩之正何也其時窮人力盡然後雩雩之正

也何謂其時窮人力盡是月不雨則無及矣是年不艾則無食矣是謂其時窮人力盡也雩之必待其時窮人力盡何也雩者爲旱求者也求者請也古之人重請何重乎請人之所以爲人者讓也請道去讓也則是舍其所以爲人也是以重之焉請哉請乎應上公古之神人有應上公者通乎陰陽君親帥諸大夫道之而以請焉道之爲君必爲先也其禱辭曰方今大旱野無生稼寡人當死百姓何謗不敢煩民請命願撫萬民以身塞無狀禱亦請也此即請辭也○艾魚廢反去讓羌呂反是舍音捨焉請於虔反應上時掌反道之音導夫請者非可詒託而往也必親之者

也是以重之詒托猶假寄○詒以之反（疏）請乎應上公○釋曰案月令大雩帝此經言大
雩文與月令同同祀上帝帝天也而曰上公義更何取且雩
與禱不○自不同而引禱辭以證雩何解天子雩上帝諸侯雩
上公與魯天子同雩上帝上帝既雩雩○及百辟卿士有益於
民者即此傳所謂古之神人通乎陰陽使爲民請雨故言請
哉請應乎上公天尊不敢指斥故請其屬神考異郵説僖公
三時不雨禱于山川以六過自責又曰方今大旱野無生稼
此注所云其禱辭或亦用之故引以明之耳○立煬宮煬宮伯禽子廟毀已久○煬宮餘亮反煬公之
廟也煬公伯禽子立者不宜立者也（疏）立者至者也○釋曰重發傳何解不日與
武宮異故發傳范例云宮廟有三者三者文有詳略詳略見
功有輕重丹楹功少故書時刻桷功重故錄月范荅薄氏云
考宮書月比丹楹爲重是其三文武宮書日范云始築之事
然煬宮周書諡法肆○行勞神曰煬煬宮不日比武宮爲輕輕
重之例○各以類舉此謂范例之數以宮言之立廟之例以立
言之在不宜之中一事而兩屬義有所附故例有四亦得數
此同在不宜之中○冬十月隕霜殺菽建酉之月隕霜殺菽非常之災未

可以殺而殺舉重舉殺豆則殺草可知可殺而不殺舉輕不殺草則不殺菽亦顯僖三十三年隕霜不殺草是也其曰菽舉重也【疏】未可至舉輕○釋曰隕霜二文不同書故范特爲一例傳嫌獨殺菽不害餘物故以輕重別之菽易長而難殺故以殺之爲重重者殺則輕者死矣輕而不死重者不殺居然可知

二年春王正月○夏五月壬辰雉門及兩觀災雉門公宮之南門兩觀闕也○兩觀工喚反注及下文同其不曰雉門災及兩觀何也據先書雉門則應言雉門災及兩觀鄭嗣曰據災實從雉門起應言雉門災及兩觀災自兩觀始也不以尊者親災也始災者兩觀也鄭嗣曰令以災在兩觀下使若兩觀始災者不以雉門親災先言雉門尊尊也欲言兩觀災及雉門則卑不可以及尊災不從雉門起故不得言雉門災及兩觀兩觀始災故災在兩觀下也鄭嗣曰欲以兩觀親災則經宜言兩

觀災及雉門雉門尊兩觀卑卑不可以及尊故不得不先言雉門而後言兩觀欲令兩觀始災故災在兩觀下矣○令力呈反（疏）雉門至觀災○釋曰解劉向云雉門天子之門而今過魯制故致天災也○秋楚人伐吳○冬十月新作雉門及兩觀言新有舊也作爲也有加其度也此不正其以尊者親之何也不正謂更廣大之不合法度也據當諱而以雉門親新作之下雖不正也於美猶可也改舊雖不合正脩飾美好之事差可以雉門親之○差初賣反（疏）作爲至度也○釋曰重發傳何解此災而更脩嫌與作南門異故發傳以同之災惡故尊雉門推災而遠之今新作美好之事雉門雖不正尊雉門可以親之

三年春王正月公如晉至河乃復（疏）公如晉○釋曰書月何解昭公四如晉兼有疾爲五皆不月公不入晉則無危十三年二十三年乃復皆不月是其例乃復文承月下不

蒙可知昭公即位二年而脩朝禮無闕而爲季氏所譖使不得入公無危懼之意猶數數修朝於晉晉雖不受朝公無危懼之理定立今三年始朝於晉晉責其緩慢不受其朝公懼而反非必季氏所譖公有負於晉而心内畏懼故危録之

○三月辛卯，邾子穿卒。○穿音川○夏四月○秋，葬邾莊公。○冬，仲孫何忌及邾子盟于拔。○拔，地名。拔，皮八反

四年春王二月癸巳，陳侯吳卒。○三月，公會劉子、晉侯、宋公、蔡侯、衛侯、陳子、鄭伯、許男、曹伯、莒子、邾子、頓子、胡子、滕子、薛伯、杞伯、小邾子、齊國夏于召陵，侵楚。○夏，戶雅反。召，詩照反○夏四月庚辰，蔡公孫姓帥師滅沈，以沈子嘉歸，殺之。公

孫姓音生又如字○五月，公及諸侯盟于臯鼬。召陵會劉子諸侯摠言之也臯鼬地名○鼬由又反○後而再會，公志於後會也。後，志疑也。公畏強楚疑於侵之故復者更謀也不日者後楚伐蔡不能救故○復扶又反〔疏〕公會至疑也○釋曰案傳例地而伐疑辭今經言會于召陵侵楚則疑於前會不關於後而云志於後會也者後志疑何解楚當時爲之所困削弱矣諸侯侵之易可得志今一會之中十有九國衆力之彊足以服楚不敢深入淺侵郊竟則責諸侯之疑居然可曉公疑於楚彊謂無勇故會盟二文並見魯公外內之疑兩顯杞伯成卒于會。○六月，葬陳惠公。○許遷于容城。○秋七月，公至自會。○劉卷卒。劉采地○劉卷音權采七代反此不卒而卒者，賢之也。寰內諸侯也，非列土諸侯，此何以卒也？天子畿內大夫有采地者謂之寰內諸侯非列土之諸侯雖賢猶不當卒○寰內音環天王崩爲諸侯主也昭二十二年景王崩嘗以賓主之禮相接能爲諸侯主所以爲賢〔疏〕此不卒至賢之也○釋曰又云非列土諸侯此何以卒也天王崩爲諸侯主也書卒不關其賢而范例云寰内諸侯非列土諸侯非列土諸侯而書之者賢之也賢之一文而義當兩用解上言不卒而得書卒之意釋下言賢之猶賢不當卒卒之旨以其爲諸侯主明賢之義故得書卒反覆二事皆是爲賢故例復云賢之不用葬葬之者明亦爲賢之而采地比之畿外諸侯故書葬

○葬杞悼公。○楚人圍蔡。○晉士鞅衛孔圉帥師伐鮮虞。○葬劉文公。○冬，十有一月庚午，蔡侯以吴子及楚人戰于伯舉，楚師敗績。吴其稱子，何也？以蔡侯之以之，舉其貴者也。貴謂子也蔡侯之以之，則其舉貴者，何也？吴信中國而攘夷狄，吴進矣。其信中國而攘夷狄奈何子胥父誅于楚也子胥父伍奢也爲楚平王所殺○信音申攘如羊反郄也挾弓持矢而干闔廬見不以禮曰干欲因闔廬復父之讎○挾戶牒反又子協反闔戶臘反廬力居反見賢徧反闔廬曰大之甚勇之甚子胥匹夫乃欲復讎於國君其孝甚大其心甚勇〔疏〕注其孝至甚勇○釋曰子胥之復讎違君臣之禮失事主之道以匹夫之弱敵千乘之強非心至孝莫能然也得事父之孝非敬長之道故曰其孝甚大若夫子胥父欲被誅竄身外奔布衣之士而求于列國之君吐弓矢之志無疑難之心故曰其心甚勇爲是欲興師而伐楚子胥諫曰臣聞之君不爲匹夫興師〔疏〕傳不至興師○釋曰然則成湯之誅葛伯爲殺其餉者武王之殺殷紂稱斬朝涉之脛何以葛乘之主爲匹夫復讎解湯征葛伯本爲不祀之罪罪巳灼然湯聽其順辭使其亳民爲耕葛伯殺其餉者此由不祀而致禍其如殷紂之罪被所不盡斬以所不書故武王致天之罪稱斬朝涉之脛剖賢人之心亦不爲匹夫興師吳子有因諸侯之怒直申子胥之情故言不爲

匹夫與師得其實論也傳稱子胥云虧君之義復父之讎傳文曲直子胥是非穀梁之意善惡若爲解公羊左氏論難紛然賈逵服虔共相教授戴宏何休亦有唇齒其於此傳開端似同公羊及其結絢不言子胥之善夫資父事君尊之非異重服之情理宜共均既以天性之重降於義合之輕故令忠臣出自孝子孝子不稱忠臣今子胥稱一體之重忽元首之分以父被誅而痛纏骨髓得耿介之孝失忠義之臣而忠孝不得並存傳不善子胥者兩端之間忠臣傷孝子之恩論孝子則失忠臣之義春秋科量至理尊君卑臣子胥有罪明矣君者臣之天天無二日土無二王子胥以藉吳之兵戮楚王之尸可謂失矣雖得壯士之偏節失純臣之具道傳舉見其非不言其義蓋吳子爲蔡討楚申中國之心屈夷狄之意其在可知

且事君猶事父也虧君之義復父之讎臣弗爲也於是止蔡昭公朝於楚有美裘正是日囊瓦求之正是日謂昭公始朝楚之日○爲是于僞反不爲及下爲是皆同朝於直遥反注同囊乃郎反昭公不與爲是拘昭公於南郢○南郢楚郡郢以井

反又正反以數年然後得歸歸乃用事乎漢用事者禱漢水神○數所主反曰苟諸侯有欲伐楚者寡人請爲前列焉楚人聞之而怒爲是興師而伐蔡蔡請救于吳子胥曰蔡非有罪楚無道也君若有憂中國之心則若此時可矣爲是興師而伐楚何以不言救也據實救蔡救大也夷狄漸進未同於中國【疏】救大也○釋曰夷狄漸進未同於中國夷狄何以言救齊解救齊是善事今吳夷狄而憂中國故進稱子然未同諸夏故不言救雖書救齊而未稱人許夷狄不使頓備故也令吳既進稱子復書曰救便與中國齊蹤華夷等迹故不與救若書救當言吳子救蔡蔡侯以吳子及楚人戰于伯舉不直舉救蔡而言吳入楚楚囊瓦出奔鄭知見伐由已故攔而出奔庚辰吳入楚日入易無楚也易無楚者

壞宗廟徙陳器撻平王之墓鄭嗣曰陳器樂縣也禮諸侯軒縣言吳人壞楚宗廟徙其樂器鞭其君之尸楚無能抗禦之者若曰無人也○易以豉反壞音怪撻土達反縣音玄亢苦浪反何以不言滅也據宗廟既毀樂器已徙則是滅也欲存楚也其欲存楚奈何昭王之軍敗而逃父老送之曰寡人不肖亡先君之邑父老反矣何憂無君寡人且用此入海矣父老曰有君如此其賢也以衆不如吳以必死不如楚雍曰吳勝而驕楚敗而奮○肖音笑奮方問反相與擊之一夜而三敗吳人復立楚復立也○敗必邁反復扶又反何以謂之吳也據戰稱子狄之也何謂狄之也君居其君之寢而妻其君之妻大夫居其

大夫之寢而妻其大夫之妻蓋有欲妻楚王之母者不正乘敗人之績而深爲利居人之國故反其狄道也

五年春王正月辛亥朔日有食之○夏歸粟于蔡蔡侯此年在楚又爲楚所伐飢故諸侯歸之粟諸侯無粟諸侯相歸粟正也孰歸之諸侯也不言歸之者專辭也不言歸之者主名若獨是魯也義邇也言此是邇近之事故不足具列諸侯○於越入吳舊說於越夷言也春秋即其所以自稱者書之見其不能慕中國故以本俗名自通見賢徧反○六月丙申季孫意如卒傳例曰大夫不日卒惡也意如逐昭公而日卒者明定之得立由乎意如春秋因定之不惡而書日以示譏亦猶公子翬非桓之罪人故於桓不貶○惡烏路反翬許韋反○秋七月

壬子叔孫不敢卒○冬晉士鞅帥師圍鮮虞

六年春王正月癸亥鄭游速帥師滅許以許男斯歸○二月公侵鄭公至自侵鄭○夏季孫斯仲孫何忌如晉仲孫忌而曰仲孫何忌甯所未詳公羊傳曰譏二名○秋晉人執宋行人樂祁犂○冬城中城城中城者三家張也大夫稱家三家仲孫叔孫季孫也三家侈張故公懼而脩內城譏公不務德政恃城以自固○張如字一音下亮反注同【疏】三家張也○釋曰釋之異辭何也凡城之志皆譏傳於冬城諸及防解可城言間隙無事理實有譏今不釋恐同彼傳言志城之中雖得間隙復有畏張侈之患遂與皆譏之義同或是義與可城同也或曰非外民也○季孫斯仲孫忌帥師圍鄆

七年春王正月○夏四月○秋齊侯鄭伯盟

于鹹。鹹音咸○齊人執衛行人北宮結以侵衛以重辭也衛人重北宮結齊以衛重結故執以侵之若楚執宋公以伐宋凡言以皆非所宜以（疏）以重辭也。釋曰前注云以有二義今注即云凡言以指非所宜以是一義而曰二何解楚執宋公兩君相執傳以言重辭別於凡以今此君而執臣明以國重不言與二君共例故發例同之二義已見故注更言凡以而起義解以者不以者不止釋此文○齊侯衛侯盟于沙沙地○大雩○齊國夏帥師伐我西鄙　九月大雩○冬十月

八年春王正月公侵齊公至自侵齊○二月公侵齊未得志故二月公至自侵齊公如往時致月危致也往月致時危往也往月致月惡之

也。惡烏路反 疏 公如至致也。釋曰：復發傳何？解莊二十三年起例，公行有危而書月，今公伐齊，有危危而書月，一時之間再興兵革，危懼之理，義例所詳，故重說以明之。〇曹伯露卒。〇夏，齊國夏帥師伐我西鄙。〇公會晉師于瓦。 瓦，衛地也。 〇晉公至自瓦。〇秋七月戊辰，陳侯柳卒。 柳，良久反。 〇晉士鞅帥師侵鄭，遂侵衛。〇葬曹靖公。〇九月，葬陳懷公。〇季孫斯、仲孫何忌帥師侵衛。〇冬，衛侯、鄭伯盟于曲濮。 曲濮，衛地。濮音卜。 〇從祀先公，貴復正也。 文公逆祀，今還順。 〇盜竊寶玉大弓。寶玉者，封圭也。 始封之圭。 大弓者，武王之戎弓也。 是武王征伐之弓。 周公受賜藏之魯。 周公受賜於周藏之魯者，欲世世子孫無忘周德也。 非其所以與人而與人謂之亡亡失也非其所取而取之謂之盜（疏）非其至之亡。○傳曰於經何例當之解經言饑止謂二穀不政苞宣公之例五穀不收止在當文康饉無例應之今因盜而發亡例經無應之或說非其所以與人謂之亡是梁伯所行也梁伯受國于天子不能撫其民人而自失之夫國之利器不可以示人權之可守焉得虛假君貪色好酒耳目不能聰明上無正長之治大臣背叛而國外奔因君自滅故謂之亡此可以應其義

九年春王正月○夏四月戊申鄭伯蠆卒。蠆田邁反○得寶玉大弓杜預曰弓玉國之分器也得之足以爲榮失之足以爲辱故重而書之○分器扶問反其不地何也（疏）其不地何也○釋曰據何文而責地解此據獲物言地經言戰于大棘獲宋華元宜蒙上地故據彼責此寶玉大弓在家則羞不目羞也國之大寶在家則羞也況陪臣專之乎恥甚而不目其地（疏）注況陪臣專之乎恥甚而不目其地

釋曰下或曰陽虎以解衆也還是陪臣何以異之解上說不目羞明失之爲辱得之爲榮榮而言地地是陪臣之所居魯能奪陪臣之得可以明免恥何爲不地夫以千乘之國而受辱於陪臣雖得爲榮書地則恥或曰之義得非魯力也陽虎竊國重寶非其所用畏衆之討送納歸君故書而記之

惡得之惡於何也。惡音烏注同得之堤下或曰陽虎以解衆也○六月葬鄭獻公○秋齊侯衛侯次于五氏五氏晉地○秦伯卒○冬葬秦哀公

十年春王三月及齊平平前八年再侵齊之怨○夏公會齊侯于頰谷。頰古協反左傳作夾谷公至自頰谷離會不致雖曰二國會曰離各是其所是非其所非然則所是之是未必是所非之非未必非未必非者不能非人之真非未必是者不能是人之真是是非紛錯則未有是是非不同故曰離離則善惡無在善惡無在則不足致之于宗廟何爲

致也危之也危之則以地致何也爲危之也其危奈何曰頰谷之會孔子相焉兩君就壇兩相相揖（將欲行盟會之禮○爲危于僞反相焉息亮反下兩相同壇徒丹反封土曰壇）齊人鼓譟而起欲以執魯君（羣呼曰譟○鼓譟素報反呼火故反）孔子歷階而上不盡一等而視歸乎齊侯（階會壇之階）曰兩君合好夷狄之民何爲來爲命司馬止之（兩君合會以結親好而齊人欲執魯君此無禮之甚故謂之夷狄之民司馬主兵之官使禦止之○合好呼報反注同使禦魚呂反）齊侯逡巡而謝曰寡人之過也退而屬其二三大夫曰夫人率其君與之行古人之道二三子獨率我而入夷狄之俗何爲（屬語也夫人謂

孔子也齊人欲執魯君是夷狄之行○遂一句反屬章欲反夫人音扶語魚呂反之行下孟反罷會齊人使優施舞於魯君之幕下優優俳施其名也幕帳欲哂笑魯君○幕音莫俳皮皆反哂尺之反孔子曰笑君者罪當死使司馬行法焉首足異門而出齊人來歸鄆讙龜陰之田者蓋爲此也何休曰齊侯自頰谷歸謂晏子曰寡人獲過於魯侯如之何晏子曰君子謝過以質小人謝過以文齊嘗侵魯四邑請皆還之○讙好官反蓋爲于僞反因是以見雖有文事必有武備孔子於頰谷之會見之矣○以見賢遍反

〔疏〕一會之怒三軍自降若非孔子必以白刃喪其膽核矣敢直視齊侯行法殺戮故傳於頰谷之會見之矣後世慕其風規欽其意氣者忽若如是毛遂之亢楚王藺子之脅秦王俱展一夫之勇不憚千乘之威亦善忠臣之鯁骨是賢亞聖之義明

○晉趙鞅帥師圍衛○齊人來歸鄆讙

龜陰之田○叔孫州仇仲孫何忌帥師圍郈郈叔孫氏邑郈音后○秋叔孫州仇仲孫何忌帥師圍郈○宋樂大心出奔曹○宋公子地出奔陳○冬齊侯衛侯鄭游速會于安甫安甫地名○叔孫州仇如齊○宋公之弟辰暨宋仲佗石彄出奔陳辰爲佗所強故曰暨○暨其器反佗大河反彄苦侯反強其丈反

十有一年春宋公之弟辰未失其弟也言辰未有失其爲弟之道故書弟以罪宋公

【疏】未失其弟也○釋曰案辰以前年出奔離骨肉之義今歲入邑有叛國之罪失弟之道彰於經文而曰未失何也解公不能制御彊臣以撫其弟而使二卿脅以外奔故著暨以表彊辭稱弟以見罪罪在仲石亦可知矣今而入國兩子之情非辰之意書及而辨尊卑言弟以顯無失然則自陳之力力由二卿入蕭之叛專

歸仲石故重發例以明無罪及仲佗石彄公子地以尊及卑也自陳陳有奉焉爾入于蕭以叛蕭宋邑入者內弗受也以者不以也叛直叛也○夏四月○秋宋樂大心自曹入于蕭入蕭從叛人叛可知故不書叛○冬及鄭平平六年侵鄭之怨傳例曰盟不日者渝盟惡之也取夫詳略之義則平不日者亦有惡矣蓋不能相結以信○渝羊朱反變也惡之烏路反下同取夫音符○叔還如鄭莅盟○還音旋

十有二年春薛伯定卒○夏葬薛襄公○叔孫州仇帥師墮郈墮猶取也陪臣專強違背公室恃城爲固是以叔孫墮其城若新得之故云墮墮猶取也墮非訓取言今但毀其城則郈亦屬巳若更取邑於他然○墮許規反毀也背音佩

【疏】注墮非訓取○釋曰傳言墮猶取也即其訓而曰非者何休難云當言取不言墮實壞耳無取於訓詁鄭君如

此釋之今經墮其爲義○衛公孟彄帥師伐曹○季孫斯仲孫何忌帥師墮費○費音祕○秋大雩○冬十月癸亥公會齊侯盟于黃○十有一月丙寅朔日有食之○公至自黃○十有二月公圍成非國言圍圍成大公也以公之重而伐小邑則爲恥深矣故大公之事而言圍使若成是國然（疏）注以公至小邑○釋曰案例國曰圍今邑而言圍則大都大都則皆是國而曰小邑何解經書公明成非小是故言門公一國之貴重成三家之大邑邑比於國爲細擬公爲小比於凡邑則大矣故書曰圍公至自圍成何以致危之也何危爾邊乎齊也邊謂相接

十有三年春齊侯次于垂葭○葭音加○夏築蛇

淵圍（蚖淵地名○圍音又）○大蒐于比蒲。（○比音毗）○衛公孟彄帥師伐曹○秋晉趙鞅入于晉陽以叛以者不以者也叛直叛也（疏）叛直叛也○釋曰不解入入已邑不從外入入者内弗受也以其無君命於義不受同書入之非專不受故但釋其叛非實叛故下書歸明之非叛而書叛書叛非真而重發叛例何解趙鞅自叛也故復發也○冬晉荀寅士吉射入于朝歌以叛○（射食夜反又食亦反）○晉趙鞅歸于晉此叛也其以歸言之何也（據叛惡而歸善）貴其以地反也貴其以地反則是大利也非大利也許悔過也許悔過則何以言叛也以地正國也（地謂晉陽也蓋以晉陽之兵還正國也公羊傳曰逐君側之惡人）以地正國則何以言叛（據是善事）其入無君命也凱曰專入晉陽以興兵甲故不得不言叛實以驅惡而安君則釋兵不得不言歸春秋善惡必著之義○薛弑其君比○比必履反又毗志反疏○薛弑其君比○釋曰不日月者何解傳言剽不正其日何則庶子爲君而被弑則不日而月之傳曰諸侯時卒惡之宜從此例薛比書時亦其惡也

十有四年春衛公叔戌來奔○晉趙陽出奔宋○晉趙陽左氏作衛趙陽○二月辛巳楚公子結陳公孫佗人帥師滅頓以頓子牂歸○佗徒河反又如字牂作郎反○夏衛北宮結來奔○五月於越敗吴于檇李檇李吴地○敗必邁反檇李音醉○吴子光卒○公會齊侯衛侯于牽牽地○牽去賢反○公至自會○秋齊侯宋公會于洮○洮他刀反○天王使石尚來歸脤脤祭肉天子祭畢以之賜同姓諸侯親兄弟之國與

之共福脤市軫反○脤者何也？俎實也，祭肉也。生曰脤，熟曰膰。其辭石尚，士也。辭猶書也。○膰音煩，本又作燔。何以知其士也？天子之大夫不名。石尚欲書春秋，欲著名于春秋。諫曰：「久矣，周之不行禮於魯也。請行脤。」貴復正也。【疏】貴復正也○釋曰：從祀先公，前有失正之文，於後言貴復正。今復正前無失正之文，而曰貴復正何？解復正之文雖同，義須有異。天王不行禮於魯，失正矣。今由石尚而歸脤，美之，故曰貴復正也。

○衛世子蒯聵出奔宋。○蒯聵，苦怪反，下五怪反。衛公孟彄出奔鄭。

○宋公之弟辰自蕭來奔。稱弟，猶未失爲弟之行。○行，下孟反。

○大蒐于比蒲。【疏】大蒐于比蒲○釋曰：文承秋下，注云「城莒父」云「無冬者，甯所未詳」，然則大蒐秋，秋則常事，常事不書，書之者何？即昭八年秋蒐于紅，傳曰「正也」。正所以譏不正。後比蒲大蒐失禮，因此見正。今定公以十三年大蒐秋事而於夏行之失正至此十四年大蒐書正以明前不正也○邾子來會公會公于比蒲○城莒父及霄無冬穷所未詳〔疏〕注無冬至未詳○釋曰桓七年注云下無秋冬今不言下何解桓七年夏有人事而秋冬二時不書復無人事故云下今此上有秋下有人事而無冬故直云無冬不言下明冬宜在人事之上也

十有五年春王正月邾子來朝朝直遥反○鼷鼠食郊牛牛死改卜牛不言所食食非一處而至死○鼷音兮處昌慮反不敬莫大焉定公不敬最大故天災最甚〔疏〕不敬莫大焉○釋曰凡鼠食牛皆是不敬而曰莫大何解成七年鼷鼠食郊牛角過有司也改卜牛鼷鼠又食其角歸罪於君皆道其所傳明不敬之罪小今牛體偏食不敬之罪大也○二月辛丑楚子滅胡以胡子豹歸○夏五月辛亥郊譏不時也○壬申公薨于高寢高寢宮名高寢

非正也（疏）高寢非正也○釋曰重發傳何解高者大名嫌是路寢之流故發傳明之○鄭罕達帥師伐宋○齊侯衛侯次于渠蒢渠蒢地也○蒢直居反○邾子來奔喪喪急故以奔言之（疏）喪急至言之○釋曰奔喪之制日行百里故傳言急所以申匍匐之情也○秋七月壬申弋氏卒妾辭也不言夫人薨○弋氏羊職反哀公之母也哀公之母左氏作姒氏也○八月庚辰朔日有食之○九月滕子來會葬邾滕魯之屬國近則來奔喪遠則來會葬於長帥之喪同之王者書非禮○長丁丈反帥所類反（疏）注邾滕至屬國○釋曰將何據也解范荅薄氏云屬國非私屬五國爲屬屬有長曹滕二邾世屬服事我故謂之屬○注近則至非禮○釋曰若如此注意以奔喪爲禮會葬爲非然則王者之喪諸侯會出何文證若以會葬非禮何以范例云會葬四案經有三范揔云會葬禮何解傳言奔喪喪急不言非禮可知諸侯自相會葬傳無釋文但釋天子之會葬云其志重天子

之禮又曰在郚上明其别於諸侯傳曰周人有喪魯人有喪周人弔魯人不弔周人責魯人曰吾君親之是以知王者之喪諸侯親會之范云四四當爲三古者四三皆積畫字有誤耳會葬禮也據釋天子之大夫來會葬言者重天子之禮故范例舉之不謂皆是禮也○丁巳葬我君定公雨不克葬葬既有日不爲雨止禮也〔疏〕不克葬喪不以制也戊午日下稷乃克葬稷昃也下昃謂晡時○爲于僞反稷如字左氏作昃晡布吳反〔疏〕葬既有日○釋曰重發傳何解頃熊夫人今此人君嫌禮異故發傳以明之且彼言日中此言日下稷彼言而此言乃文並不同釋既不異義體相似乃急辭也不足乎日之辭也宣八年注詳矣〔疏〕注宣八至詳矣○釋曰范例云克例有六則數何文以充之解鄭伯克段一不克納二雨不克葬日中而克葬各二是謂四通前二爲六也○辛巳葬定弋○定弋左氏作定姒○冬城漆

監本春秋穀梁注疏定公卷第十九

南昌盧氏宣旬校定

大清嘉慶二十年重
用文選樓藏本校

新建縣知縣鄭祖琛
浮梁縣知縣劉　丙　同刊

穀梁注疏卷十九挍勘記　阮元撰盧宣旬摘錄

定公　余本卷第十一單疏本同

元年

但以先君殺而後主不忍行卽位之禮　閩監毛本主作立何挍本殺作弒

復何得言歸于京師　閩監毛本同何挍本何作可

此晉自治之効　閩監本同毛本効作效

其言足誤天王居于狄泉　閩監毛本同浦鏜云誤疑譌字誤

何以知大夫有義而然周之稱名　閩監毛本同何挍本然作後

此其大夫　閩監毛本同石經宋本無其字案成公十五年疏引無其字。按上文疏引亦無其字

兼不亦言 閩監毛本同何校本作嫌殯亦然

又有義焉 石經閩監毛本同余本焉作也

故周人弔 石經閩監本同毛本人誤入

王命猶不得背殯 閩監毛本同何校本背作背

冬大雩非正也秋大雩雩之爲非正 閩監毛本同石經無下雩字儀禮經傳通解引同余本脫冬大雩非正也六字

故周頌噫嘻之篇 閩監毛本同何校本無嘻字

食雖民天 閩監毛本同何校本雖民二字闕

亦治有洪之潤 閩監毛本治作沾何校本洪作洊是也

爲君必爲先也 閩監毛本同余本爲作謂是也○按儀禮經傳通解引亦作謂

與魯天子同雩上帝 閩監毛本同何挍本與魯乙轉

上帝既雩雩 閩監毛本同何挍本雩字不重

輕重之例 閩本同監毛本例作序

此謂范例之數 閩監毛本同何挍本謂作爲

二年

故災在兩觀下矣 閩監毛本同余本矣作爾

雉門至觀災 閩監毛本同何挍本至作及兩二字

而今過魯制 閩監毛本同惠㯹挍本過魯作魯過

四年

後而再會 閩監毛本同石經余本後作一事兩字

公會至疑也　閩監毛本同何挍本公會作傳一事三字

案傳例地而伐疑辭　閩監毛本同何挍本例作異伐作發

楚當時爲之所困　閩監毛本同何挍本之作吳

此何以卒也天王崩　閩監本同毛本王誤下單疏本卒下有之字與傳不合

挾弓持矢而干闔廬　石經閩監本同毛本持誤扶

傳不至興師　閩監本同毛本傳作君何挍本至作爲匹夫三字

故武王致天之罪　閩監毛本同何挍本罪作罰

亦不爲匹夫興師　閩監毛本同何挍本不下有專字

吳子有因諸侯之怒　閩監毛本同何挍本有作旣

傳舉見其非　閩監毛本同單疏本非作爲

其在可知 閩監毛本同何挍本其作理

南郢楚郡 閩監毛本同余本郡作都

然未同諸夏 閩監毛本同單疏本諸作中

知見伐由己故懼而出奔 余本閩本同監毛本脱此十字

楚無能抗禦之者 閩監毛本同余本抗禦作亢御釋文出能亢御之與余本合案十行本係剜修當是本作亢御淺人妄改

五年

由乎意如 閩監毛本同余本乎作于

六年

七年

傳以言重辭　閩監毛本同何校本以言乙轉

八年

傳曰於經何例當之　傳當作釋閩本誤同監毛本不誤

止謂二穀不政　閩監毛本同何校本攻作收是也

十年

喪其膽核矣　閩監毛本核作胲

後世慕其風規　閩本同監本其誤具毛本規作軌

十有一年

宋公之弟辰未失其弟也　石經同閩監毛本辰下衍及仲佗石彄公子地自陳入于蕭以叛宋公之弟辰二十字

故著暨以表疆辭 閩本同監本著誤者毛本誤同又脱故字

書及而辨尊卑 閩監毛本同單疏本而作以

十有二年

非國言圍 閩監毛本同石經余本國下有不字

邊乎齊也 石經閩監毛本同余本邊誤造

十有三年

故復發也 閩監毛本同何校本作故重復發傳也

專入晉陽以興兵甲 閩監毛本同余本兵甲乙轉

十有四年

吴子光卒 石經閩監毛本同余本脱此四字

然則大蒐秋 閩監毛本同何校本蒐下有在字

書之者何卽昭八年秋蒐于紅 閩毛本同監本紅誤經何校本卽作解

十有五年

食非一處而至死 閩監毛本同余本而作以

弋氏卒 石經閩毛本同監本弋誤戈

曹滕二邾 閩監毛本同單疏本邾作莒何煌云疑此脱莒鈔脱邾蓋曹滕二邾莒爲五國也

又曰在鄗上 閩監毛本同何校本鄗作比嚴杰云會葬之禮於鄗上文五年傳文何校本作比上非也

稷昊也 閩監毛本昊作昃下同

日中而克葬各二 閩監毛本同單疏本而作不是也

穀梁注疏卷十九挍勘記終

寧都李楨挍

監本春秋穀梁注疏哀公卷第二十 起元年盡十四年

范甯集解　楊士勛疏

哀公（疏）公名蔣定公之子敬王三十六年即位十四年西狩獲麟春秋終矣二十七年薨謚曰哀周書謚法恭仁短折曰哀

元年春王正月公即位○楚子陳侯隨侯許男圍蔡隨久不見者哀微也稱侯者本爵俱侯土地見侵削故微爾定六年鄭滅許今復見者自復也○不見賢徧反下復見同復扶又反（疏）注隨久至微也○釋曰僖二十年冬楚人伐隨以來更不見經將是哀微不能自通於盟會故也本爵俱侯者隨本侯爵自僖二十年見經至今俱侯盟更不為貶黜但土地見侵削故微爾昭八年楚師滅陳十一年楚師滅蔡十三年諸侯會于平丘而復陳蔡故經書蔡侯廬歸于蔡陳侯吳歸于陳是有文見復也其許男則定六年鄭游速帥師滅許以許男斯歸其間更無歸文今許男復見經者明是許男自復○鼷鼠食郊牛角改卜牛○夏四月辛巳郊此該之變

而道之也該備也春秋書郊終於此故於此備說郊之變變謂郊非其時或牲被災害疏此該至之也○釋曰郊自正月至于三月郊之時也三卜禮之正凡書郊皆譏范例云書郊有九僖三十一年夏四月四卜郊不從乃免牲猶三望一也宣三年郊牛之口傷改卜牛牛死乃不郊猶三望二也成七年鼷鼠食郊牛角三也襄七年夏四月三卜郊不從乃免牲四也襄十一年夏四月四卜郊不從乃不郊者五也定公哀公並有牲變不言所食處不敬莫大二罪不異并爲一物六也定十五年五月郊七也成十七年九月用郊八也及此年四月辛巳郊九也下傳云子之所言至道之何也然則據此而言牛有傷損之異卜有遠近之別亦在其明於變之中又有言焉於災變之中又有可善而言者疏注於災至言者○釋曰郊牛日展視其斛角而知其傷是展道盡矣即於災變之中有可善而言者但備災之道不盡致此天災而鼷鼠食角故書以譏之也鼷鼠食郊牛角改卜牛志不敬也郊牛日展斛角而知傷展道盡矣展道雖盡所以備災之道不盡譏哀公不敬故致天變○斛音斜又音求郊

自正月至于三月郊之時也夏四月郊不時也五月郊不時也夏之始可以承春以秋之末承春之始蓋不可矣凱曰不時之中有差劇也夏始承春方秋之末猶爲可也○有差初賣反【疏】注不時至可也○釋曰自正月二月三月此三春之月是郊天之正時也若夏四月五月以後皆非郊月如其有郊並書以示譏然則郊是春事也如郊在四月五月之中則是以夏始承春其過差少若郊在九月之中則是以秋末承春其過極多則自五月至八月其間有郊亦以承春遠近爲過之深淺也

用者不宜用者也在成十七年郊三卜禮也以十二月下辛卜正月上辛如不從則以正月下辛卜二月上辛如不從則以二月下辛卜三月上辛所謂三卜也鄭嗣曰謂下一辛而三也求吉之道三故曰禮也【疏】注鄭嗣至三也○釋曰如嗣之意以十二月下辛卜正月上辛日爲郊之時則於此一辛之上卜不吉以至二卜不吉以至三卜求吉之道三故曰禮也四卜非禮也僖三十一

年襄十一年皆四卜**五卜強也**成十年五卜

（疏）四卜非禮也○釋曰僖三十一年以十二月下辛卜正月上辛不從則以正月下辛卜二月上辛不從則以二月下辛卜三月上辛所謂三卜禮也今以三月以前不吉更以三月下辛卜四月上辛則謂四卜郊非禮也成十年以四月以前四卜不吉又於四月下辛卜五月上辛則五卜強也非禮可知鄭嗣之意亦以一辛之中卜至於四五月也一辛之上三卜禮也四卜五卜非禮也然則四卜云非禮五卜變文云強者四卜雖失猶去禮近容有過失故以非禮言之若至五卜則是知其不可而強爲之去禮已遠故以強釋之

卜免牲者吉則免之不吉則否牛傷不言傷之者傷自牛作也故其辭緩宣三年郊牛之口傷以牛自傷故加之言緩辭○則否方九反**全曰牲傷曰牛未牲曰牛其牛一也其所以爲牛者異**已卜日成牲而傷之曰牛未卜日未成牲之牛二者不同**有變而不郊故卜免牛也已牛矣其尚卜免**

之何也災傷不復以郊怪復卜免之禮與其亡也寧有於禮有卜之與無卜寧嘗有卜嘗置之上帝矣故卜而後免之不敢專也嘗置之滌宮名之爲上帝牲矣故不敢擅也○滌徒歷反擅市戰反施式氏反又如字卜之不吉則如之何不免安置之繫而待六月上甲始庀牲然後左右之庀具也待具後牲然後左右前之牛皆我用之不復須卜已有新牲故也周禮曰司門掌授管鍵以啟閉國門祭祀之牛牲繫焉然則未左右時監門者養之○庀匹爾反鍵其展反又其偃反監古銜反子之所言者牲之變也而曰我一該郊之變而道之何也我以六月上甲始庀牲十月上甲始繫牲十一月十二月牲雖有變不道也牲有變則改卜牛以不妨郊事故不言其變

〔疏〕子之言道也○釋曰上言子曰弟子問穀梁子

之辭而曰我者是弟子述穀梁子自我之意我以六月者是穀梁子荅前弟子之辭我以六月上甲始庀牲庀具猶簡擇未繫之待十月然後始繫養若六月簡訖以後有變則七月八月九月上甲皆可簡擇故傳云六月上甲始庀牲明自六月爲始七月八月九月皆可簡牲自十月繫之有變則改卜卜取吉者十一月十二月亦然是繫之三月也故傳云十月上甲始繫牲十一月十二月牲雖有變不道也是也待正月然後言牲之變周正是郊時之正如其牛有變然後言之二月三月亦然重妨郊故也**待正月然後言牲之變此乃所以該郊**至郊時然後言其變重其妨郊也十二月不道自前可知也至正月然後道則二月三月亦可知也此所以該郊言其變道盡〔疏〕此乃至該郊○釋曰自六月上甲始庀牲十月始繫牲自十二月以前牲雖有變不道自正月然後云牲之變乃不郊卜免牲吉與不吉如此之類皆是該備郊事言牲變之道盡悉也**郊享道也**享者飲食之道**貴其時大其禮其養牲雖小不備可也**牲有變則改卜牛郊日已過庀繫之禮雖小不備合時得禮用之可也○享許丈反**子不忘二**

月卜郊何也三月謂十二月正月二月也〈疏〉注三月至二月○釋曰既言十二月下辛卜正月上辛正月下辛卜二月上辛二月下辛卜三月上辛怪經不書此十二月正月二月之下郊故問之也郊自正月至于三月郊之時也有變乃志常事不書我以十二月下辛卜正月上辛如不從則以正月下辛卜二月上辛如不從則以二月下辛卜三月上辛如不從則不郊矣意欲郊而卜不吉故曰不從郊必用上辛者取其新潔莫先也○秋齊侯衛侯伐晉○冬仲孫何忌帥師伐邾

二年春王二月季孫斯叔孫州仇仲孫何忌帥師伐邾取漷東田漷東未盡也及沂西田

沂西未盡也漷沂皆水名邵曰以其言東西則知其未盡也○漷火號反又音郭沂魚依反癸巳叔孫州仇仲孫何忌及邾子盟于句繹句繹邾地○句古侯反繹音亦三人伐而二人盟何也各盟其得也季孫不得田故不與盟○不與音豫○夏四月丙子衛侯元卒○滕子來朝朝直遥反○晉趙鞅帥師納衛世子蒯聵于戚鄭君曰蒯聵欲殺母靈公廢之是也若君薨有反國之道當稱子某如齊子糾也今稱世子如君存是春秋不與蒯聵得反立明矣江熙曰鄭世子忽反正有明文子糾但於公子爲貴非世子也

【疏】注蒯聵至廢之○釋曰案定公十四年左傳云衛侯爲夫人南子召宋朝會于洮大子蒯聵獻盂于齊過宋野野人歌之曰既定爾婁豬盍歸吾艾豭大子羞之謂戲陽速曰從我而朝少君我顧乃殺之速曰諾乃朝夫人夫人見大子大子三顧速不進夫人見其色啼而走曰蒯聵將殺余公執其手以登臺大子奔宋是也云當稱子某者公羊云君在稱世子君薨稱子某其

既葬稱子踰年稱君范取公羊爲說也云如齊子糾也者莊九年九月齊人取子糾殺之是也云鄭世子忽反正有明文者桓十五年鄭世。忽復歸于鄭傳曰反正也然則鄭世子忽反正春秋不非稱世子則蒯聵稱世子亦是反正不非之之限是其子糾稱子某但於公子之中爲貴謂是右媵之子非世子與鄭忽蒯聵不同如熙之意則蒯聵合立而輒拒父非是也

納者內弗受也帥師而後納者有伐也何用弗受也以輒不受也以輒不受父之命受之王父也信父而辭王父則是不尊王父也其弗受以尊王父也甯不達此義江熙曰齊景公廢世子世子還國書篡若靈公廢蒯聵立輒則蒯聵不得復稱曩日世子也稱蒯聵爲世子則靈公不命輒審矣此矛楯之喻也然則從王父之言傳似失矣經云納衛世子鄭世子忽復歸于鄭稱世子明正也明正則拒之者非邪。○信父音申篡初患反復扶又反曩乃黨反矛五侯反本又作鉾楯常允反又音允拒音巨邪也似嗟反

（疏）信父至父也○釋曰輒先受王父之命而有國

今若以國與父則是申父也若申父而辭王父則是不尊父也何者使父有違命之愆故其不受使父無違命之失則尊父也○注齊景至書篡○釋曰下六年齊陽生入于齊齊陳乞弒其君荼傳曰陽生正荼不正不正則其曰君何也荼雖不正已受命矣此與莊九年齊小白入于齊同文則稱名書入者皆一辭也然則蒯聵若已被廢則當與陽生同文稱衛蒯聵入戚不得自稱曩日世子○注矛楯之喻也○釋曰莊子云楚人有賣矛及楯者見人來買矛即謂之曰此矛無何不徹見人來買楯則又謂之曰此楯無何能徹者買人曰還將爾矛刺爾楯若何然則矛楯各自言之則皆善矣若相對言之則必有不善者矣喻今傳文輒若申父而辭王父是不受父則蒯聵違父爲不善若以鄭忽稱世子以明反正則輒之拒父爲醜行亦是非不可並故云矛楯之喻也

○秋八月甲戌晉趙鞅帥師及鄭罕達帥師戰于鐵鐵衛地○鐵他結反鄭師敗績

○冬十月葬衛靈公七月葬蒯聵之亂故也

【疏】注七月至故也○釋曰隱五年夏四月葬衛桓公傳曰月葬故也月葬憂危最甚不得備禮葬也此月葬故知有故也彼注云有祝吁之難故此則

蒯聵之亂故也○十有一月蔡遷于州來蔡殺其大夫公子駟

三年春齊國夏衛石曼姑帥師圍戚此衛事也其先國夏何也子不圍父也不繫戚於衛者子不有父也江熙曰國夏首兵則應言衛戚今不言者辟子有父也子有父者戚繫衛則爲大夫屬于衛子圍父者謂人倫之道絕故以齊首之○曼姑音萬辟音避（疏）注戚繫至于衛○釋曰諸侯有國大夫有邑大夫之邑國君之有若言圍衛戚是戚繫衛便是子之而圍父也故以國夏爲首也○夏四月甲午地震○五月辛卯桓宮僖宮災言及則祖有尊卑解經不言及僖由我言之則一也遠祖恩無差降如一故不言及（疏）注遠祖至言及○釋曰凡言及者皆以尊及卑等者不言及若自祖言之則有昭穆昭尊可以及穆

若自我言之，則遠祖親盡，尊卑如一，故不言及。案左氏，孔子在陳，聞火，曰"其桓僖乎"，言廟應毀而不毀，故天災也。○宋樂髠帥師伐曹。○髠，苦門反。○秋七月丙子，季孫斯、叔孫州仇帥師城啓陽。○稱帥師，有難。○難，乃旦反。○宋樂髠帥師伐曹。

季孫斯、叔孫州仇帥師城啓陽。

卒。○蔡人放其大夫公孫獵于吳。宣元年晉放其大夫胥甲父于衛，傳曰"稱國以放，放無罪也"，然則稱人以放，放有罪也。○冬十月癸卯，秦伯卒。○叔孫州仇、仲孫何忌帥師圍邾。

四年春王二月庚戌，盜弑蔡侯申。稱盜以弑君，不以上下道，道也。以上下道，道者若衛祝吁弑其君完之類是。直稱盜，不在人倫之序。

【疏】注"以上至類是"。○釋曰：祝吁弑其君完，隱四年經文。謂祝吁稱國、稱名及言弑其君者，是下道言弑其君。謂此死者是其臣之君，而臣弑之，故以君臣上下道言道之。今不稱名氏，直稱盜，盜是微賤，稱賤不稱弑其君，則此死者非是盜者之君則盜疏外無君是不在人倫上下之序內其君而外弒者不以弒道道也襄七年鄭伯將會中國其臣欲從楚不勝其臣弒而死不使夷狄之民加乎中國之君故曰鄭伯髡原如會未見諸侯丙戌卒于操是不以弒道道也〔疏〕內其至道也○釋曰猶尊內其君而疏外弒者故不與疏外者得弒君之道道之故抑之爲盜若鄭伯髡原實被臣弒其書自卒抑臣爲夷狄之民亦是也春

秋有三盜微殺大夫謂之盜十三年冬盜殺陳夏區夫是○陳夏戶雅反區烏侯反非所取而取之謂之盜定八年陽貨取寶玉大弓是辟中國之正道以襲利謂之盜即殺蔡侯申者是非微者也○辟中音避〔疏〕辟中至襲利○釋曰辟中國之正道而行同夷狄不以禮義爲主而徼幸以求名利若齊豹之類故抑而書盜者也襲掩也謂求利之心不以禮義爲意也○蔡公孫辰出奔吳○葬秦惠公○宋人執小邾子○夏蔡殺其大夫

公孫姓公孫霍○晉人執戎蠻子赤歸于楚○城西郛郛郭也。郛音孚○六月辛丑亳社災殷都于亳武王克紂而班列其社于諸侯以爲亡國之戒劉向曰災亳社戒人君縱恣不能警戒之象〔疏〕注殷都于亳○釋曰書序云湯始居亳從先王居孔注云契父帝嚳都亳湯自商丘遷焉故曰從先王居又盤庚五遷將治亳殷是都亳之事亳社者亳之社也亳亡國也亳即殷也殷都于亳故因謂之亳社亡國之社以爲廟屏戒也立亳之社於廟之外以爲屏蔽取其不得通天人君瞻之而致戒心〔疏〕注立亳至之外○釋曰周禮建國之神位左宗廟右社稷彼謂天子諸侯之正社稷霜露者周禮又云決陰事于亳社明不與正同處明一在西一在東故左氏曰間於兩社爲公室輔是也其屋亡國之社不得上達也必爲之作屋不使上通天也緣有屋故言災○秋八月甲寅滕子結卒○冬十有二月葬蔡昭公不書弑君之賊而昭公書葬既謂之盜若殺微賤小人不足録之書月者以明危亦見不葬而書葬者若不書葬則見賊不討今書葬者使若弑者實是盜微賤小人雖討訖不足録〔疏〕冬十有至昭公○釋曰諸侯時葬正也今春秋賊不討則不書葬 ○葬滕頃公○頃音傾

五年春城毗○夏齊侯伐宋○晉趙鞅帥師伐衛○秋九月癸酉齊侯杵臼卒○杵昌呂反 ○冬叔還如齊○閏月葬齊景公不正其閏也閏月附月之餘日喪事不數○數所主反〔疏〕注閏月至不數○釋曰案經書閏月葬者年若數閏則十三月故書閏月葬以見喪事亦不數之例

六年春城邾瑕○晉趙鞅帥師伐鮮虞○吳伐陳○夏齊國夏及高張來奔○叔還會吳

于柤（柤，注加反）○秋七月庚寅，楚子軫卒（軫，之忍反）○齊陽生入于齊○齊陳乞弒其君荼（不日，荼不正也○荼音舒，又音徒，一音丈加反）【疏】注不日荼不正也○釋曰：隱三年八月庚辰宋公和卒，傳云"諸侯日卒，正也"，荼不日，是不正也。陽生入而弒其君，以陳乞主之，何也？不以陽生君荼也。其不以陽生君荼，何也？陽生正，荼不正。不正則其曰君，何也？荼雖不正，已受命矣（已受命于景公而立，故可言君）。入者，内弗受也。荼不正，何用弗受？以其受命，可以言弗受也（先君已命立之，於義可以拒之）。陽生其以國氏，何也？取國于荼也（何休曰：即不使陽生以荼爲君，不當去公子，見當國也。又穀梁以爲國氏者取國于荼，齊小白又不取國于子糾，無乃近自相反乎？鄭君釋之曰陽生簒國故不言公子不使君荼謂書陳乞弑君爾荼與小白其事相似荼弑乃後立小白立乃後弑雖然俱簒國而受國焉爾傳曰齊小白入于齊惡之也陽生其以國氏何取國于荼也義適互相足又何自反乎子糾宜立而小白簒之非受國于子糾則將誰乎○當去起呂反見當賢徧反糾居黝反惡之烏路反〔疏〕注荼殺至後殺　釋曰案上六年經書齊陽生入于齊齊陳乞殺其君荼傳云陽生入而弑其君以陳乞主之何也不以陽生君荼也是荼殺之後陽生乃立案莊九年夏齊小白入于齊九月齊人取子糾殺之是小白立乃後殺也義適互相足者莊九年傳云小白入于齊惡之則陽生入于齊亦惡之此年傳云陽生其以國氏取國于荼也則小白以其國氏亦取國于子糾也以義推之適互相足故鄭云子糾宜立而小白簒之非受國于子糾則將誰乎是也

○冬仲孫何忌帥師伐郳○宋向巢帥師伐曹

七年春宋皇瑗帥師侵鄭○緩于眷反　○晉魏曼多帥師侵衛○曼音万　○夏公會吳于繒○繒在陵反　○秋

公伐邾八月己酉入邾以邾子益來以者不以者也夫諸侯有罪伯者雖執猶以歸于京師魯非霸王而擅相執録故日入以表惡之○擅市戰反惡烏路反傳及注同〔疏〕注夫諸侯至于京師○釋曰僖二十八年晉人執衛侯歸之于京師傳云歸之于京師緩辭也斷在京師也是衛侯有罪晉文伯者執之猶以歸于京師之事○注故日入以表惡之○釋曰案范例云僖二十八年三月丙午晉侯入曹執曹伯畀宋人傳曰入者内弗受也日入惡入者也衣惡則月據此日入與彼例同故知日入以表惡之益之名惡也惡其不能死社稷春秋有臨天下之言焉徐乾曰臨者撫有之也王者無外以天下爲家盡其有也〔疏〕春秋至言焉○釋曰此下三者皆以内外辭別之王者則以海内之辭言之即僖二十八年天王狩于河陽傳曰全天王之行也是也王者微弱則以外辭言之即僖二十四年天王出居于鄭傳曰失天下也是也有臨一國之言焉諸侯之臨國亦得有之如王於天下〔疏〕有臨至言焉○釋曰此亦據内外言之若宣九年辛酉晉侯卒于扈傳曰其地于外也其

日未踰竟也既以內外顯地及日是以一國言之有臨一家之言焉大夫臨家猶諸侯臨國（疏）有臨一家至焉○釋曰家謂采地若文元年毛伯來錫公命定四年劉卷卒其毛劉皆采邑名大夫氏采為家大夫稱家是以一家言之也其言來者有外魯之辭焉非已內有從外來者曰來今魯侯身自以歸而曰來是外之也（疏）其言至辭焉○釋曰凡言來者非已內有從外始來即邾庶其以漆閭丘來奔是也今書魯侯以邾子益來而文與庶其正同文切直者有外魯侯之辭焉爾○宋人圍曹○冬鄭駟弘帥師救曹

八年春王正月宋公入曹以曹伯陽歸○吳伐我○夏齊人取讙及闡宣九年傳曰內不言取言取授之也以是為賂齊此言取讙亦賂也魯前年伐邾以邾子益來益齊之甥也畏齊故賂之○及闡尺善反惡內也○歸邾子益于邾侵齊故也○惡烏路反益之名失國也於王法當絕故

（疏）益之名失國也○釋曰經書歸邾子益於邾則益得國而云失國者邾益不能死難而從執辱於王法而言理當絕位魯歸之不得無罪故書益之名以明失國之故也○秋七月○冬十有二月癸亥杞伯過卒○過音戈○齊人歸讙及闡凱曰歸邾子故亦還其賂

九年春王二月葬杞僖公○宋皇瑗帥師取鄭師于雍丘雍丘地也雍於用反○取易辭也以師而易取鄭病矣以師之重而宋以易得之辭言之則鄭師將劣矣○易以豉反將子匠反（疏）以師而至鄭病矣○釋曰凡書取皆易辭今以鄭師之重而今宋以易得之辭言之鄭之將師微弱矣亡軍之咎本由君不任其才故爲鄭國病患（一）○夏楚人伐陳○秋宋公伐鄭○冬十月

十年春王二月邾子益來奔○公會吳伐齊

○三月戊戌齊侯陽生卒○夏宋人伐鄭○晉趙鞅帥師侵齊○五月公至自伐齊傳例曰惡事不致公會夷狄伐齊之喪而致之何也莊六年公至自伐衛傳曰不致則無以見公。惡事之成也將宜從此之例。以見賢遍反〔疏〕注傳例至不致。釋曰襄十年公會晉侯云云齊世子光會吳于柤傳曰會夷狄不致惡事不致是也云傳曰不致則無以見公惡事之成也者案莊公五年公會齊人云云伐衛注云納惠公朔逆天王之命也六年公至自伐衛傳曰惡事不致此其致何也不致則無用見公之惡事之成也是也此年二月公會吳伐齊之喪是惡事宜不致而致亦以見公惡事之成也○葬齊悼公○衛公孟彄自齊歸于衛。彄苦侯反○薛伯夷卒○秋葬薛惠公○冬楚公子結帥師伐陳吳救陳

十有一年春齊國書帥師伐我○夏陳轅頗

出奔鄭。頗破何反○五月公會吳伐齊甲戌齊國書帥師及吳戰于艾陵齊師敗績獲齊國書與華元同義艾陵齊地。艾五蓋反〔疏〕注與華元同義。釋曰宣二年宋華元帥師及鄭公子歸生帥師戰于大棘宋師敗績獲宋華元傳曰獲者不與之辭也言盡其衆以救其將也以三軍敵華元華元雖獲不病也是與此同義○秋七月辛酉滕子虞母卒○冬十有一月葬滕隱公○衛世叔齊出奔宋

十有二年春用田賦古者九夫爲井十六井爲丘丘賦之法因其田財通共出馬一匹牛三頭今別其田及家財各出此賦言用者非所宜用。別如字又彼列反〔疏〕古者一丘之田方十六井一百四十四夫軍賦之法因其田財通出馬一匹牛三頭今乃分別其田及家財各令出此賦則一丘之田出馬二匹牛六頭故曰用田賦言非所宜用也謂之田賦者古者但賦其家財今又計田貢故曰田賦也。注古者九夫至

爲丘○釋曰案周禮小司徒職九夫爲井四井爲邑四邑爲丘四丘爲甸然則井方一里九夫邑方二里四井三十六夫丘方四里十六井百四十四夫甸方八里六十四井五百七十六夫軍賦之法丘出馬一匹牛三頭甸出長轂一乘馬四匹牛十二頭甲士三人步卒七十二人此甸八里據實出賦者言之其畔各加一里治溝洫者司馬法城方十里出革車一乘者通計治溝洫者言之其實一也今指解經云用田賦者是丘之賦故云九夫爲井十六井爲丘也然經既云用田賦而使丘民以成元年作丘甲民盡作甲則知此用田賦亦令一丘之民用田賦也宣十五年初稅畝則計畝以稅所稅畝十畝稅其一此則通公田什一而不藉畝計故彼言稅而此言賦也○注丘賦至三頭○釋曰凡丘賦之法因其民之所受公田什一及私家之財通融共出馬一匹牛三頭以一丘之民共出此賦以家財爲主故曰丘賦今又分別其所受公田各令出此馬牛之賦故曰用田賦也論語曰哀公云二吾猶不足如之何其徹也即此田財並賦之驗也○古者公田什一用田賦非正也古者五口之家受田百畝爲官田十畝是爲私得其什而官稅其一故曰什一周謂之徹殷謂之助夏謂之貢其實一也皆通法也今乃棄中平之法而田財並賦

言其賦民甚矣。爲官于僞反稅舒鋭反夏謂戶雅反

【疏】古者公至非正也。釋曰田十畝但由公田私田皆公家所受故揔曰公田什一則以田之什一及家財而出馬牛之賦是其正也今魯用田與財各出馬牛之賦非正也。注古者五至百畝。釋曰周禮小司徒云上地家七人可任也者家三人鄭注曰一家男女七人以上則授之以上地所養者衆也男女五人以下則授之以下地所養者寡也正以七六五爲率者有夫有婦然後爲家自二人以至於十人爲九等則七六五爲其中也老者一人其餘彊弱相半此其大數也然則周禮七人五人六人三等范唯言五口之家受田百畝指下等言之其實六人七人亦受田百畝與周禮不異也爲官田十畝者受田百畝之外又受十畝以爲公田是爲私得其十而官稅其一故漢書殖貨志井田一里是爲九夫八家共之各受私田百畝公田十畝是爲八百八十畝餘二十畝爲廬舍則家得二畝半凡家受田一百十二畝半也今傳言公田什一者舉其全數據出稅言之周謂之徹殷謂之助夏謂之貢其實一也者出孟子文彼云滕文公問爲國於孟子孟子對曰夏后氏五十而貢殷人七十而助周人百畝而徹其實皆什一是也然三代受畝悉皆什一則夫皆一百一十畝夏后政寬計其五十畝而貢

五畝於公殷人計其七十畝而助七十畝於公周人盡計一百一十畝而徹十畝於公徹者通也什一而稅爲天下通法故詩云徹田爲糧是也皆通法者孟子云重之于堯舜大桀小桀輕之於堯舜大貊小貊什一而稅頌聲作則什一而稅堯舜亦然是爲通法也貢起堯舜則古者公田什一是堯舜之時明此什一之法也范說不與先儒同其先儒皆云什一者十中稅一耳

○夏五月甲辰孟子卒孟子者何也昭公夫人也其不言夫人何也諱取同姓也葬當書姓諱故亦不書葬○取如字又七住反〔疏〕注書當至書葬○釋曰莊二十二年葬我小君文姜經書其氏卒又稱夫人而書葬今孟子卒雖不稱夫人准弋氏應書葬不言者知諱同姓故范例夫人薨者十而書葬者十夫人之道從母儀即桓公夫人文姜一莊公夫人哀姜二僖公之母成風三文公之母聲姜四宣公之母頃熊五成公之母穆姜六成公之嫡夫人齊姜七襄公之母定姒八昭公之母歸氏九哀公之母定弋○十十者並書葬其隱公夫人從夫之讓昭公夫人諱同姓二者皆不書葬也

○公會吳于橐皋橐皋某地○橐章夜反一音託

○秋

公會衛侯宋皇瑗于鄖鄖某地。鄖音云○宋向巢帥師伐鄭○冬十有二月螽○螽音終

十有三年春鄭罕達帥師取宋師于嵒○嵒五咸反

取易辭也以師而易取宋病矣【疏】取易辭至病矣○釋曰上九年宋皇瑗取鄭師今鄭罕達取宋師其事正反嫌宋爲人所報非宋之病故重發以同之○夏許男成卒○公會晉侯及吳子于黃池及者書尊及卑也黃池某地【疏】注及者至卑也○釋曰隱二年傳云會者外爲主焉爾今言公會晉侯則晉爲主於黃池而公往會之既以晉侯爲主會無二尊故言及以卑吳也則與桓二年范注云會盟言及別內外也尊卑言及序上下也亦同何者外吳而尊晉別內外序上下也

黃池之會吳子進乎哉遂子矣進遂稱子

吳夷狄之國也祝髮文身祝斷也文身刻畫其身以爲文也必自殘毀者

以辟蛟龍之害。祝之六反斷音短辟音避蛟音交 疏 注文身至之害。釋曰荊楊之域厥土塗泥人多游泳故刻畫其身以爲蛟龍之文與之同類以辟其害

欲因魯之禮因晉之權而請冠端而襲襲衣冠端玄端 疏 欲因魯至而襲。釋曰魯是守文之國禮儀之鄉晉執中國之權爲諸侯盟主故吳子欲因之而冠必欲因之者以鄭伯髡原欲從中國而被殺于鄭吳子亦恐臣子不肯變從故因魯之禮因晉之權然後羣臣嚮化以魯禮天下共依晉權諸侯所服故也是以明堂說魯云天下以爲有道之國天下資禮樂焉是也云請冠端而襲者請著玄冠玄端而相襲。注襲衣冠端玄端。釋曰吳俗祝髮文身衣皮卉服不能衣冠相襲今請加冠于首身服玄端則衣冠上下共相掩襲故云襲衣也詩云其軍三單彼毛傳云三單相襲彼謂三單前後爲相襲則此衣冠上下亦爲相襲也玄端者謂玄端衣而端幅制之即諸侯視朝之服也諸侯視朝之服緇布衣素積裳緇玄一也

其藉于成周藉謂貢獻 疏 注藉謂貢獻。釋云貢謂土地所有以獻于成周若禹貢齒革羽毛納錫大龜惟金三品之類著於藉錄以爲常職故知藉謂貢獻也

以尊天王吳

進矣吳東方之大國也累累致小國以會諸侯以合乎中國累累猶數也○累累如字數所角反【疏】注累累猶數數○釋云東方之國吳爲最大吳舉小國必從會吳于柤于道于繒于池之類積其善事故言數○數致小國以合乎中國也吳能爲之則不臣乎言其臣也吳進矣王尊稱也子卑稱也辭尊稱而居卑稱以會乎諸侯以尊天王吳王夫差曰好冠來孔子曰大矣哉夫差未能言冠而欲冠也不知冠有差等唯欲好冠○尊稱尺證反下同夫差音扶下初佳反【疏】王尊稱也子卑稱也○釋曰自黄池前吳常僭號稱王是其尊稱今去僭號而稱子是其卑稱也○注不知冠而差等○釋曰冕有旒數不同則冠亦有差等之別吳爲子爵其冠之飾必不得與公侯同等但未知若爲差等爾○楚公子申帥師伐陳○於越入吳○秋公

至自會吳進稱子又會晉侯故致也〔疏〕注吳進至致也○釋曰襄十年傳曰會夷狄不致致會者一以吳進稱子二又爲公會晉侯以此二事之故致之爾○晉魏曼多帥師侵衛○葬許元公○九月螽○冬十有一月有星孛于東方不書所孛之星而曰東方者旦方見孛衆星皆没故○孛音佩〔疏〕注不書至方者釋曰文十四年有星孛入于北斗昭十七年有星孛于大辰彼皆言所孛之星此不言所孛之星直言東方者彼北斗大辰未没之時有故得言所孛之星此則旦明之時方乃見孛其東方常見之星並以没盡故不言所孛之處星也○盜殺陳夏區夫傳例曰微殺大夫謂之盜○區夫烏侯反○十有二月螽

十有四年春西狩獲麟杜預曰孔子曰文王既没文不在茲乎此制作之本旨又日鳳鳥不至河不出圖吾已矣夫斯不王之明文矣夫關雎之化王者之風麟之趾關雎之應也然則斯麟之來歸於王德者矣春秋之文廣大悉備義始於隱公道終於獲麟○狩手又反不出如字又赤遂反矣夫音扶不王于況反下王德

同雎七余反【疏】注杜預至本旨○釋曰論語云文武之道之應于敬反未墜於地在人文王既沒其爲文之道實不在我身乎孔子既言文武之道在我身孔子有制作之意中庸云有其德無其位不得制作有其位無其德而不得制作孔子雖懷聖德而道不王故有制作之志而不爲也○注又曰至文矣○釋曰凡聖人受命而必鳳鳥至河出圖洛出書故孔子曰鳳鳥不至河不出圖吾已矣夫言已無瑞應道終不王故云斯不王之明文矣○注關雎之化王者之風○釋曰子夏詩序云關雎之化王者之風言后妃有關雎之德也○注麟之趾關雎之應也○釋曰詩序文言后妃有關雎之德爲王者之風故感麟來應之以見其趾趾足也○注然則斯麟之來歸于王德者矣○釋曰由后妃有關雎之化爲王者之風故致得麟來應之然則孔子有王之德故亦感得麟來應之故斯應麟之來歸于王德者謂孔子也○注春秋至獲麟○釋曰其詩周南則始於關雎篇終於麟趾故春秋之文亦義始於隱公之道終於獲麟乘之以十二約之以周典詩云誰將西歸懷之好音示有贊於周道故著西狩獲麟言道備之驗也

引取之也言引取之解經言獲也傳例曰諸獲者皆不與也故今言獲麟自爲孔子來魯引而取之亦不與魯之辭也○爲于僞反【疏】

注傳例至不與也○釋曰宣二年大棘之戰鄭公子歸生獲宋華元傳曰獲者不與之辭也上十一年艾陵之戰吳獲齊國書范云與華元同義是諸獲皆不與之辭也今言獲麟者欲言此麟自爲孔子有王者之德而來應之魯引而取之亦不與魯之辭也必使魯引取之者天意若曰以夫子因魯史記而脩春秋故也然則孔子脩春秋乃獲麟之驗也

狩地不地不狩也非狩而曰狩大獲麟故大其適也適猶如也之也非狩而言狩大得麟故以大所如者名之也且實狩當言冬不當言春〔疏〕狩地至適也○釋曰桓四年春公狩于郎莊四年冬公及齊人狩而部是狩皆書地今不書地則非狩也非狩而曰狩者大得此驗故以大其所如者名之○注實狩至言春○釋曰案桓四年傳云春曰田夏曰苗秋曰蒐冬曰狩是也

其不言來不外麟於中國也其不言有不使麟不恒於中國也雍曰中國者蓋禮義之鄉聖賢之宅軌儀表於遐荒道風扇於不朽麒麟步郊不爲暫有鸞鳳棲林非爲權來雖時道喪猶若不喪雖麟一降猶若曩常。鸜鵒非魯之常禽螽蜮非祥瑞之嘉蟲故經書

其有以非常有此所以所貴于中國春秋之意義〔疏〕注鸜
也○道喪息浪反鸜音權又音劬鵒音欲蜮音或鵒至
嘉蟲○釋曰昭二十五年經書有鸜鵒來巢莊二十九年經
書秋有蜚莊十八年經書秋有蜮傳皆曰有一亡曰有是也
○注所以至中國○釋曰麒麟一致不爲暫有雖時道喪猶
若不喪如此爲文是所以取貴于中國而王道須盛麟鳳常
有此則春秋
之意然也

監本春秋穀梁注疏哀公卷第二十

大清嘉慶二十年重
用文選樓藏本校

新建縣知縣鄭祖琛
浮梁縣知縣劉丙 同刊

穀梁注疏卷二十挍勘記　阮元撰盧宣旬摘録

哀公　余本卷第十二單疏本同

敬王三十六年　閩監毛本同何挍本三作二不誤

謚法　監毛本同閩本作謚瀆

元年

是有文見復也　閩監毛本同單跡本復作後

此該之變而道之也　閩監毛本同石經余本之上有郊字與儀禮經傳合顧炎武曰石經該誤作郊錢大昕曰石刻止存郊之變而四字以字數計之郊上當有該字炎武非也

此該至之也　閩監毛本同何挍本作傳此該郊之變而道之也

子之所言至道之何也　閩監毛本同單疏本脱之字

亦在其明 閩監本同毛本明作間不誤

故致天變 閩本同監本天字上畫不全毛本誤大

蓋不可矣 石經閩監毛本同余本矣誤也

其過極多 閩監毛本同何按本極作差

謂下一辛而三也 閩監毛本同余本下作卜

故卜免牛也 石經閩本同監毛本誤兔卜

寧嘗有卜 閩監毛本同余本嘗作當

皆我用之 閩監毛本同余本皆作在

上言子曰 閩監毛本同何按本曰作者

子不忘三月卜郊何也 閩監毛本同石經余本忘作志

二月之下郊　閩監毛本同何校本下作卜是也

二年

取漷東田漷東未盡也　石經同閩監毛本田下衍及沂西田傳取漷東田九字

二顧速不進　二當作三閩監毛本不誤何校本此上有大子二字與左傳合

君薨稱子其　閩監本同毛本其改某是

鄭世忽復歸于鄭　閩監毛本世下有子字是也無復字并

以輒不受也　石經閩監毛本同余本脫此五字

鄭世子忽復歸于鄭　閩監毛本同余本脫鄭世子三字

則拒之者非邪　閩監毛本同釋文出邪也則陸所據本邪下有也字

則是不尊父也　閩監本同毛本父上有王字下則尊父也同

三年

不繫戚於衛者石經閩本同監毛本於誤于

四年

不稱弒其君閩監毛本同何校本下有者字

又盤庚五遷閩監本同毛本又作及

六年

則其曰君何也石經閩監毛本同二年疏引亦有其字余本脫

內弗受也荼不正何用弗受以其受命可以言弗受也閩監本同

毛本可誤何石經弗並作不

小白立乃後弒閩監毛本同余本弒作殺

則將許乎閩本同監毛本許改誰與注合

七年

緩辭也斷在京師也閩監本同毛本辭斷並誤作歸字

天王狩于河陽閩監本同毛本于作於何校本狩作守與石經同

八年

宣九年閩監毛本同何校本九作元是也

以明先國之故也閩監毛本同單疏本故上有惡字

十年

則無以見公惡事之成也閩監毛本同何校本以作用公下有之字與莊六年傳合

則無以見公惡事之成也者何校本以作用公下有之字是也

十有二年

城方十里 閩監毛本城作成

用田賦而後巨民 閩監毛本同何挍本而下有知字

古者公田什一 閩本上有傳字監毛本脱

各出馬牛之賦 閩監毛本同何挍本各作並

正以七六五爲率者 閩監毛本正誤止何挍本七六五作七八六八五人與鄭注周禮合

老者一人 閩監毛本同何挍本上有出字是也

其餘彊弱相半 案周禮注文彊弱上有男女二字彊作强

故漢書殖貨志 閩監毛本同單疏本殖作食不誤

井田一圖 閩監毛本同何挍本田作方與食貨志合

凡家受田一百十二畝半也　閩本同監毛本受作授

而助十畝於公　閩監毛本同何校本十作七是也

人貊小貊大誤人　閩監毛本不誤

哀公之母定戈十　閩監本同毛本戈作弋何校本作姒

十有三年

然後羣臣嚮化　閩本同監毛本嚮作向

于池之粨　閩監毛本同何校本池上有黃字

故言數○數致小國以合乎中國也　閩監毛本○作數疊三數字何校本刪一數字

葬許元公石經　閩監毛本同余本脫元字

有星孛入于北斗　閩本同監毛本星孛誤倒

十有四年

故今言獲麟自爲孔子來　閩監毛本同余本無故字

艾陵之戰吳獲齊國書　閩本同監本艾誤文吳誤具毛本吳亦誤具

公及齊人狩而郜　閩監毛本而改于是也

猶若其常　閩監毛本同余本其常作有恒

傳皆曰有一亡　補案皆曰下脱一字

穀梁注疏卷二十校勘記終　寧都李楨挍

傳古樓景印

“四部要籍選刊”已出書目

序號	書名	底本	定價 / 圓
1	四書章句集注（3 册）	清嘉慶吴氏刻本	150
2	阮刻周易兼義（3 册）	清嘉慶阮元刻本	150
3	阮刻尚書注疏（4 册）	清嘉慶阮元刻本	200
4	阮刻毛詩注疏（10 册）	清嘉慶阮元刻本	500
5	阮刻禮記注疏（14 册）	清嘉慶阮元刻本	700
6	阮刻春秋左傳注疏（14 册）	清嘉慶阮元刻本	700
7	楚辭（2 册）	清初毛氏汲古閣刻本	100
8	杜詩詳注（9 册）	清康熙四十二年初刻本	450
9	文選（12 册）	清嘉慶十四年胡克家影宋刻本	600
10	管子（3 册）	明萬曆十年趙用賢刻本	150
11	墨子閒詁（3 册）	清光緒毛上珍活字印本	150
12	李太白文集（8 册）	清乾隆寶笏樓刻本	400
13	韓非子（2 册）	清嘉慶二十三年吴鼒影宋刻本	98
14	荀子（3 册）	清乾隆五十一年謝墉刻本	148
15	文心雕龍（1 册）	清乾隆六年黄氏養素堂刻本	148
16	施注蘇詩（8 册）	清康熙三十九年宋犖刻本	398
17	李長吉歌詩（典藏版）（1 册）	顧起潛先生過録何義門批校清乾隆王氏寶笏樓刻本	198
18	阮刻毛詩注疏（典藏版）（6 册）	清嘉慶阮元刻本	598

序號	書名	底本	定價 / 圓
19	阮刻春秋公羊傳注疏（5 册）	清嘉慶阮元刻本	298
20	楚辭（典藏版）（1 册）	清汲古閣刻本	148
21	阮刻儀禮注疏（8 册）	清嘉慶阮元刻本	398
22	阮刻春秋穀梁傳注疏（3 册）	清嘉慶阮元刻本	164

圖書在版編目（CIP）數據

阮刻春秋穀梁傳注疏 / （清）阮元校刻. -- 杭州 : 浙江大學出版社, 2020.8（2026.1重印）
（四部要籍選刊 / 蔣鵬翔主編）
ISBN 978-7-308-20459-0

Ⅰ. ①阮… Ⅱ. ①阮… Ⅲ. ①中國歷史－春秋時代－編年體②《穀梁傳》－注釋 Ⅳ. ①K225.04

中國版本圖書館CIP數據核字（2020）第145269號

阮刻春秋穀梁傳注疏
（清）阮元 校刻

叢書策劃	陳志俊
叢書主編	蔣鵬翔
責任編輯	吴　慶
責任校對	王榮鑫
封面設計	温華莉
出版發行	浙江大學出版社 （杭州市天目山路148號　郵政編碼310007） （網址：http://www.zjupress.com）
排　　版	杭州尚文盛致文化策劃有限公司
印　　刷	杭州宏雅印刷有限公司
開　　本	850mm×1168mm 1/32
印　　張	26.5
字　　數	280千
印　　數	1201—2000
版 印 次	2020年8月第1版　2026年1月第2次印刷
書　　號	ISBN 978-7-308-20459-0
定　　價	164.00圓（全三册）

浙江大學出版社市場運營中心聯繫方式：0571-88925591；http://zjdxcbs.tmall.com